Lorenz Filius

Ungefeilte Poesie

Ein lyrischer Sammelband der ersten Veröffentlichungen aus den Jahren 2008 und 2009

Diese Gesamtausgabe beinhaltet die Publikationen

Gedanken durch die Zeit

Zeitgeister

Lyrische Fragezeichen

Besinnliches Kaleidoskop

Impressum
Filius, Lorenz: Ungefeilte Poesie

Herstellung und Verlag: Books on Demand GmbH, Norderstedt
ISBN: 978-3-7386-4232-2

Bibliografische Information der Deutschen Nationalbibliothek
Die Deutsche Nationalbibliothek verzeichnet diese Publikation in der Deutschen Nationalbibliografie; detaillierte bibliografische Daten sind im Internet über http://dnb.d-nb.de abrufbar.

Zu den Büchern

Lorenz Filius erste lyrische Publikationen entstanden in einer relativ kurzen Zeit in den Jahren 2008 und 2009. Diese Werke spiegeln ein ursprünglich eher klassisch und einfach geprägtes dichterisches Denken des Autors wider. In gemischt gereimter und ungereimter, teils freier und teils rhythmischer Form ließ er sich thematisch durch Mensch, Natur und Philosophie inspirieren. Dabei fanden romantische Gedanken neben kritisch-sachlichen Versen genauso Platz in den Veröffentlichungen wie Überlegungen aus Alltagsphilosophien bis hin zu kleinen poetischen Geschichten in Versform.

Derweil der Autor sich heute eher komplexerer, zum Teil abstrakter Lyrik und Prosa widmet, beinhaltet dieser Sammelband jene ersten Publikationen: Ein Kaleidoskop aus Gedankenkreisen, Reflexionen, sowie Frage- und Ausrufezeichen des modernen Zeitgeistes.

FSC
www.fsc.org

Gedanken durch die Zeit

Gedichte

zu Momenten des Menschseins

von Lorenz Filius

Oslo, im September 2008

Dein Wissen kann dich retten;

seine Anwendung ohne Gefühl

ins Verderben stürzen.

Lorenz Filius

Inhaltsverzeichnis

Die Saat der Verführung

Wo dunkle Gedanken
helle Köpfe besaiten
und
kalte Blicke
der warmen Seele entgleiten;

wo harte Worte
der weichen Stimme entrinnen
und
derbe Schläge
beschützenden Armen entspringen,

da ist sie aufgegangen,
die Saat der
Verführung.

~ ~ ~

Warten

Blicke bohren sich durch das,
was er nicht durchqueren kann,
Gitterkreuz im Backsteinrahmen,
Stahlgeflecht am Horizont.

Sehnsucht nach der Welt dahinter,
die ihn einst verstoßen hat,
er allein weiß um den Irrtum,
den der Hass nicht sehen will.

Und nach Jahren dieses Wartens
steht er einsam vor dem Tor,
Winken einer Silhouette
zeigt ihm, wo die Zukunft liegt.

Der Elefant

Ein neuer Tag im großen Zoo,
der Elefant ist gerade wach,
lässt sich betrachten und ist froh,
durch sein Gehege läuft ein Bach.

Drei Jungen schau'n ihn staunend an,
recht ehrfurchtsvoll, nur einer nicht,
weil dieser ihn nicht leiden kann,
er schaut ihm grimmig ins Gesicht.

Und in den Rüssel, wie gemein,
mit einer Nadel, die er zückt,
der kleine Junge sticht hinein,
der Elefant wird fast verrückt.

Die Jahre ziehen in das Land,
das Tier wird alt, der Junge groß,
sein Kind nimmt er nun bei der Hand,
in Richtung Zoo, da zieh'n sie los.

Vor dem Gehege mit dem Bach,
da bleiben beide wieder steh'n,
der Elefant denkt scheinbar nach,
das Kind, das freut sich, ihn zu seh'n.

Schau, wie er trinkt, ist das nicht toll?
Den Rüssel füllt das Tier ganz stumm,
danach spritzt es den Vater voll,
und nur das Kind fragt sich, warum.

(Nach einer wahren Begebenheit)

Verjagte Geschichten

Stumme, schwarze Zeugen
ragen klagend in die Luft.

Welt dazwischen ist verloren,
und Geschichten sind verjagt.

Nur die Schicksale alleine
hegen kalt Erinnerung.

Nackte Füße - eine Puppe,
die die kleine Hand umgreift.

Hoffnung einer Träne,
die sich einschwärzt im Gesicht.

(Im Gedenken an die Schicksale, die eine Feuersbrunst am 13. August 2008 mit verheerenden Schäden und der Zerstörung eines der schönsten Gebäudekomplexe unseres Ortskerns hinterließ. Wie durch ein Wunder wurde kein Mensch verletzt.)

~ ~ ~

Plagen

Schwere weiße Panzerdecke
schließt die letzte Rasse ein,
die so sicher sich geglaubt hat,
Schöpfers Meisterwerk zu sein.

Und mit ihnen wird zerfallen,
was zur Wichtigkeit gekürt,
nur bedeutungslose Beute,
aus der Erde einst entführt.

Genbesetzt die letzte Plage,
genbesetzt die neue ist,
nutzten Chance der neuen Lage,
haben ihre eig'ne Frist.

Vertrauen

Ich schaue tief dir ins Gesicht,
um nun zu sagen, was mich quält,
es will hinaus, doch kann ich nicht,
weil etwas meine Stimme hält.

Du siehst mich freundlich lächelnd an,
zu brechen jetzt mein Schweigen droht,
und dennoch ich nicht reden kann,
gerate in Entscheidungsnot.

Dann schließlich fühl ich deine Hand
auf meiner, und mit einem Mal
mein Innerstes dir zugewandt,
beendet wird so meine Qual.

~ ~ ~

Nasses Grab

Feuchte Fronten furchen Kerben,
fressen sich durch Stein und Sand,
was verschlungen, ist verloren,
großer Hunger raubt das Land.

Und sie kämpfen wie die Wilden,
David gegen Goliath,
doch der David mit der Schaufel
diesmal keine Chance hat.

So verliert sich, was vergangen,
Welt versinkt im nassen Grab,
weites Meer lässt nicht erahnen,
dass es diese jemals gab.

Lampenfieber

Bald ist er da, dein großer Tag,
du freust dich, es ist deine Chance,
doch etwas gar nicht stimmen mag,
es bringt dich ganz aus der Balance.

Fast nicht erwarten konntest du,
was dir nun endlich widerfährt,
doch nachts zuvor kein Auge zu,
die Angst die Freude dir verwehrt.

Dann kurz davor kommt der Moment,
dein Magen schmerzt und Schwindel droht,
dass dich die Furcht nicht überrennt,
ist jetzt das oberste Gebot.

Von nun an gibt es kein Zurück,
die Ohnmacht naht, doch glaube mir,
was jetzt kommt, bringt dir wirklich Glück,
vertreibt das Lampenfieber dir.

Danach fühlst du dich wie befreit,
und kannst kaum mehr die Angst versteh'n,
die mit der Freude lag im Streit,
das nächste Mal wird's leichter geh'n.

Das Rinnsal

Ein Rinnsal, unbedeutend klein,
entspringt dem Boden eines Hain'.

Es fließt dahin fast unbemerkt
und wird auf seinem Weg bestärkt.

Genährt durch andre seiner Art
bleibt es vorm Austrocknen bewahrt.

Den Namen es nicht mehr verdient,
je weiter es von dannen rinnt.

Es bahnt sich schneller durch das Land,
entwickelt Kräfte ungeahnt.

Nun wird's zum neuen Lebensraum,
und Menschen einen Staudamm bau'n.

Ist jetzt sehr viele Tage alt,
und doch wird es verschwinden bald.

Im Wald da war es unbekannt,
am Meer kennt ihn das ganze Land.

Auch wenn er hier verenden muss,
er bleibt besteh'n, der große Fluss.

Mein kleines Kind

Du schaust mich an, noch kaum erwacht
und weißt nicht, wie dir jetzt geschieht,
dein Lächeln instinktiv so zart,
man mag dich gleich, wenn man dich sieht.

Beliebt zu machen brauchst du nicht
dich selbst, weil du die Liebe bist,
steht dir geschrieben im Gesicht,
genießt, wenn man dich zärtlich küsst.

Du liegst ganz weich geborgen hier,
nicht vorstellbar, zu trennen mich,
doch später zeigt dein Wille dir
den eig'nen Weg ganz sicherlich.

Ich hoffe, dass ein starkes Band
erwächst aus dem, was neu beginnt,
komm mit, ich nehm' dich bei der Hand,
ich liebe dich, mein kleines Kind.

~ ~ ~

Lotsen

Schenktest mir Gesichterlichter,
die mein dunkles Herz erhellen,
und aus Irren in Gefühlen
ward ein Tragen auf den Schnellen.

Weit entfernt, vor langer Zeit schon,
segelte mein Lebensschiff,
um zu suchen, was ich hatte,
fast zerschellt am Liebesriff.

Sturm im Meer der Emotionen,
auf der Suche nach dem Glück,
deine Blicke waren Lotsen,
führten sicher mich zurück.

Des Jahres Niemandstal

Dunkel, depressive Decke
liegt auf knöcherigem Land,
karges Wuchern nasser Hölzer,
weit vom Blühen abgewandt.

Langgezogen schleicht das Leben
durch des Jahres Niemandstal,
auf der Mitte dieses Weges
ist am größten diese Qual.

Schmutzig, bunter Ball rollt lustlos,
Wunsch zum Himmel wird geschickt,
erste Hoffnung auf die Wende,
eine Schneeflocke erblickt.

~ ~ ~

Zeilen

Zeilen, die ich an dich schrieb,
trugen mein Gefühl zu dir,
drückten aus, wie ich dich lieb',
auch, wenn du warst fern von mir.

Zeilen, die ich von dir las,
zeigten mir die Zuversicht,
und die Angst ich bald vergaß,
dass die Bande halten nicht.

Zeilen, die wir uns gesandt,
machten immer wieder Mut,
gingen lange übers Land,
nur ein Tag noch, dann wird's gut.

Kindersommer

Schallend laute Fröhlichkeit
dem Gartenparadies entspringt,
Kirschkern spuckend Sonnenbrand,
durch Busch und Gras das Leben singt.

Ungehemmte Wasserspiele,
Eis zerfließt im Angesicht,
Lagerfeueratmosphäre,
Schwarzkartoffel Leibgericht.

Lachen, Weinen, aufgerichtet,
tröstend Sommersonnenspaß,
unbeschwerte Kindertage,
sehr oft heiß und manchmal nass.

~ ~ ~

Steter Tropfen

Nasser Hammer tropft zum Amboss
unbesiegbare Natur,
standhaft, stolzer Stein zeigt Härte,
sichtbar nicht die Siegesspur.

Unaufhaltsam läuft das Uhrwerk,
Zeit alleine nicht vergeht,
auch der Unveränderbare
nicht über den Dingen steht.

Sekunden im Jahrhundertschlag
zeigen unerbittlich an,
dass selbst das scheinbar Ewige
nicht auf ewig dauern kann.

Alltagsfunktionalität

Lärmend lauter lose Worte
scheucht der Alltag ins Gesicht,
was gesagt wird, klingt mechanisch.

Nur gefiltert, funktional
wird verstanden, was notwendig.

Silbenabfall ganz verdrängt,
dennoch lastend auf dem Netz,
das Impulse vorwärts trägt.

Mischt dazwischen sich verdächtig
Wortgeschmeide, balsamgleich,
wird Mechanik plötzlich menschlich.

Nackte Funktionalität
kleidet sich ins Festgewand,
der Mensch den Menschen dann versteht.

~ ~ ~

Sommertag (Haiku)

Brütende Hitze,
Müde Halme auf dem Feld,
Entferntes Grollen.

Heute – Morgen – Gestern

Dachte sehr oft an den Morgen,
wo ich meine Zukunft sah,
glaubte, dort gäb's keine Sorgen,
und die Welt wär' wunderbar.

Hab mich tief hineingesteigert,
dass mein klares Denken schwand
und mich gutem Rat verweigert,
dem, was ist, ganz abgewandt.

Musste machen die Erfahrung,
die Naivität verlangt,
gab dem Wunschtraum so die Nahrung,
um Erfüllung sehr gebangt.

Und der Morgen wurde Heute,
Relativität erwacht,
Flucht vor Gestern ich bereute,
Illusionen nur gemacht.

~ ~ ~

Spätsommer (Haiku)

Kühler Morgentau,
gespinstbedeckte Landschaft,
Spätsommer erwacht.

Das Tagebuch

Du kennst mich nun schon lange Zeit,
ein treuer Wegbegleiter,
und stets zur Aufnahme bereit,
mal traurig und mal heiter.

Lässt über dich ergeh'n so viel,
und das an jedem Tage,
was ich auch anvertrau'n dir will,
du stellst es nie in Frage.

Bewahrst mein Leben nur für dich,
Blatt für Blatt gedankenschwer,
und später einmal sicherlich,
danke ich's dir umso mehr.

In die Jahre nun gekommen,
abgegriffen - nicht mehr neu,
hab das nächste zwar begonnen,
doch dir bleib ich immer treu.

~ ~ ~

Rollen (Senryu)

Schrill tönt das Signal,
Rad und Träne rollen fort,
Fragend letzter Blick.

Schicksale

Sirene heult im Hintergrund,
in meinem Garten sitze ich,
ich fühl mich wohl und sehr gesund,
der Ton wird langsam undeutlich.

Flaniere durch den schönen Ort,
mit meiner Freundin Arm in Arm,
den Rauch am Horizont bläst fort
der Wind - sie lacht mich an mit Charme.

Kaffee und Kuchen machen satt,
ein wenig Zeitung lesen noch,
Soldaten auf dem Titelblatt,
oh Schreck, im Hemd ein kleines Loch.

Doch manchmal Unzufriedenheit
stört jäh meine Normalität,
wünsch' mir, dass jemand mich befreit,
es andern wohl noch besser geht.

~ ~ ~

Blütenblätterspiel (Senryu)

Schüchtern angeschwärmt,
sie liebt mich - sie liebt mich nicht,
Blütenblätterspiel.

Der Wächter

Sachte Schritte durch die Räume,
die die Lebenszeit geprägt.

Graue Zeugen an den Wänden
strahlen Leben in den Raum.
Leerer Lehnstuhl lässt erahnen
Lebensweisheit am Kamin.
Stumme Lieder aus dem Flügel
klingen nach im greisen Ohr.
Bilder eines Kindheitstraumes
von zerliebtem Kuscheltier.

Stück für Stück Erinnerung
an Geschichten, die erlebt,
einsam wachend über das,
was die Zukunft hinterließ.
Fortgegangen sind die andern,
teils zu suchen, teils zu ruh'n,
nun kann auch des Wächters Seele
friedvoll glücklich letzt'res tun.

~ ~ ~

Luftballon (Senryu)

Kleine Hand lässt los,
Edelgas trägt Glück davon,
Vater hat ein Herz.

Eingebung

Es war des Krieges letztes Jahr,
und auf der Flucht da waren wir.
Entferntes Grollen machte klar,
bald zu verlassen das Quartier.

Wie immer, packten wir sodann
das Nötigste an Hab und Gut,
und vor der Türe ein Gespann,
zum Fliehen vor der Bombenflut.

Der Wagen mit der Nummer acht,
er hatte wohl noch etwas Platz,
würd' bald schon auf den Weg gebracht,
ich sprang hinauf mit einem Satz.

Doch meine Schwester sträubte sich,
wie angewurzelt blieb sie steh'n,
und unter Tränen fürchterlich,
sie flehte, nur nicht fort zu geh'n.

Obwohl ein Bleiben tödlich war,
zu schützen sie, war meine Pflicht,
und schrecklich, was die Nacht gebar,
wir hatten Glück und starben nicht.

Am Morgen dann der Aufbruch kam,
den andre Tags zuvor gemacht,
am Wegesrand wir Trümmer sah'n,
auf einem Blech stand Nummer acht.

Absprung

Sitzend an der Heimat Ende,
Lotsen weisen Position,
Schwalbenschwarm vom Feld geschossen,
großer Vogel fliegt davon.

Und ich soll der Nächste sein,
der sich von der Bindung löst,
die mich quälte all die Zeit,
fühl' mich innerlich entblößt.

Neues Hemd sucht nackte Seele,
weiß, behaglich soll es sein,
dreh' mich um und gehe heimwärts,
wasche mir mein altes rein.

~ ~ ~

Antlitzzeilen

Angesicht dir gegenüber
schaust du schweigend, fragend an.
Suchst nach Antwort dieses Lebens,
ob es dir sie geben kann?

Und das Schicksal in den Augen
der Person, die du dort siehst,
zeigt Geschichten, die vergangen,
wenn du Antlitzzeilen liest.

Bist du ehrlich, weißt du wohl,
dass die Zeilen lügen nicht,
denn das Glas vor dem du stehst,
spiegelt wider dein Gesicht.

Das alte Haus

In jenes schöne alte Haus,
da zog ich ein im letzten Jahr,
es sah etwas vereinsamt aus,
als wenn dort länger niemand war.

Sehr sturmbewegt die erste Nacht,
es überfiel mich schwer ein Traum,
die Küchentür Geräusche macht',
was ich dort sah, das glaubt' ich kaum.

Am Fenster saß mit einem Tee
die alte Frau die hier gelebt,
ihr Blick tat meiner Seele weh,
und sie sprach aus, was sie bewegt:

Das Haus verlassen wollt' ich nie,
doch einer rief, ich musste geh'n,
es fiel mir schwer, so sagte sie,
drum wollt' ich's nun noch einmal seh'n;

doch schau ich dein Gesicht mir an,
weiß ich, dass du der richt'ge bist,
ich nun getrost verlassen kann,
was jetzt in guten Händen ist.

Verwirrt erwacht aus diesem Traum,
schlaftrunken ging zur Küche ich,
doch unverändert dieser Raum,
nur eine Tasse auf dem Tisch.

Nur ein Flirt

Beim ersten Mal, als ich dich sah,
nur kurz da streifte mich dein Blick,
beim zweiten Mal ward mir gewahr,
dass du geschaut hast gern zurück.

Herbeigeführt das dritte Mal,
um anzusprechen endlich dich,
dein Lächeln gab mir das Signal,
und meine Stimme traute sich.

Es kam das letzte Treffen dann,
wir schauten an uns wie gebannt,
geahnt, dass es nichts werden kann,
ich sah den Ring an deiner Hand.

~ ~ ~

Ich weiß

Ich weiß, du bist mit zugetan,
ich weiß, dass du mich liebst,
ich weiß um unsern Zukunftsplan,
ich weiß, was du mir gibst.

Ich weiß um die Verlässlichkeit,
ich weiß um deinen Mut,
ich weiß, es gibt auch manchmal Streit,
ich weiß, du tust mir gut.

Ich weiß es, doch ich fühl es nicht,
warum ich bei dir bin,
drum bitte ich nun dein Gesicht,
zu zeigen mir den Sinn.

Warmer Seufzer

Standhaft schimmern
schillernd Schuppen,
die der leichte Wind berauscht.

Tauchen golden, melancholisch
Tage in Versunkenheit.

Weggeweht vereinzelt Blasen
Sommerwärme aus der Luft.

Still genießend letzte Strahlen,
Seufzer wärmt den kühlen Tag.

~ ~ ~

Flügel schwingen

Flügel schwingen gegen Süden,
wollen kaltem Land entflieh'n.

Im Anblick ihrer Formation
geleitet Sehnsucht sie dorthin.

Stellung haltend in der Heimat
wart' ich auf den Neubeginn.

Er wird kommen, ohne Frage,
wenn sie wieder heimwärts zieh'n.

Kuss der Blüte

Die Blume lacht mir ins Gesicht,
erheiternd mein Gemüt,
mein Innerstes, das weiß noch nicht,
was meiner Seele blüht.

Allein der Duft enthält Magie,
ich kann nicht widersteh'n,
so nah war ich der Blume nie,
kann ihre Liebe seh'n.

Der Kuss der Blüte, Nektar gleich,
so süß verführerisch,
lässt schmiegen sich die Lippen weich,
zwei Blumen finden sich.

~ ~ ~

Morgenmilch

Dichte Morgenmilch lässt fragen,
wohin Taggedanken zieh'n.
Schau hindurch, kann noch nicht sagen,
welch Gemüt mir wird verlieh'n.

Wird das Wabern sich erheben
und verdecken diese Kraft,
die erhellt das Erdenleben,
so wird Trübsal mir verschafft.

Wird es jedoch niedergehen,
in der Schlucht am Waldesrand,
werde ich die Sonne sehen,
die für Freude ein Garant.

Mikro- und Makrokosmos

Erfolg im Kleinsten Kleinen,
Triumph der großen Wissenschaft.

Und Preisverleih
bezeugt der Welt,
dass auch die letzte
Grenze fällt.

Der Blick ins tiefste Innere
bleibt meist geheim,
und mächtig die,
die sich bedienen
dieser Macht.
Und doch ist's nur
ein Blick nach innen,

denn der nach außen
wird verwehrt,
durch das,
was unten
uns beschwert.

Nur lächerliche Feuerkraft
lässt zu den kurzen Blick hinaus.

Der Augen Sehnsucht

Stille,
sturmlos, dunkel,
auf dem Teppich,
der die Schiffe trägt.

Im tiefen Schwarz
bleibt ohne Antwort
der Blicke Fragen.

Ein Punkt
am Ende einer Richtung
sticht hindurch,
es schillert das,
was mich umgibt.

Er wächst sich aus
zu einer Linie,
und eine Kugel
steigt empor.

Ich schau hinein
und muss doch weichen
ihrer wunderbaren Form,
die mir nun weist
der Augen Sehnsucht.

Blattwerk

Blattwerk rauscht
vom Astgeflecht,
stürmt in die Tiefe,

wo das feuchte Flies
es fängt,
und modrig
es die Erde frisst.

Starre Streben warten nun
auf neues Kleid
der Spätsaison.

Lässt auf sich warten
Jahr für Jahr;
friert dann
die Sommerträume ein.

Und wenn auch dieses abgetropft,
Gerippe füllend Knospenfleisch
lässt wachsen weiches Hautkostüm
zu einer schillernden Statur.

Fruchtbares Fest

Feuchter Teppich hebt sich auf,
wenn Dunkelheit zu Schatten wird.
Wo Schatten ist, da ist auch Licht
und garantiert das neue Leben.

Steigt empor aus schwarzer Erde,
rollt sich sonnengierig auf,
festlich bunte Offenbarung
lädt die Nektargäste ein.

Fruchtbar, süße Feierstimmung,
viele kommen, viele gehen,
bis das Lichterspiel verdämmert,
Festsaalpforten schließen sich.

~ ~ ~

Kleid der Zeit

Risse sind im Stoff der Zeit,
verbraucht das Leinen
der Gesellschaft.

Und spaßig bunte Flicken
übertünchen schwarze Löcher.

Wer will tragen dieses Kleid,
nicht mehr glatt, doch dafür bunt?

Wird vererbt von Ahn zu Ahn,
verwaschener mit jedem Mal.

Reißt ab die alten Flicken nun,
zu stopfen es mit festem Garn.

Der letzte Tag

Einmal noch
erwacht ein Tag
für ihn,
zu sehen Sonnenschein.

Die Arme in die Luft er reckt,
und schillernd grün
genießt er Strahlen.

Freut sich, dass
an diesem Tag
noch einmal Regen
ihn benetzt,

zu laben sich
an der Natur
ein letztes Mal,
bevor sie kommen,
ihn zu fällen.

Doch eher fiel
das Hoffnungskorn
und garantiert den
Neubeginn.

~ ~ ~

Wünsch dir was (Senryu)

Himmelsblick bei Nacht,
Lichterfaden schnell verblasst,
Wunsch verrat' ich nicht.

Der Schneeball

Ein Schneeball rollt den Berg hinab,
gedeiht an Größe auf dem Weg.

Ein weißer Riese wird erwartet,
voll Erfahrung, klar an Form.

Doch einzeln, schwarze Schmutzpartikel
grauen ein das weise Weiß.

Nicht mehr erkennbar diese Klarheit,
übrig bleibt Erinnerung
an einen hässlichen Koloss.

~ ~ ~

Geworfenes Korn

Geworfen wird geborenes Korn
auf eine vorgesehene Bahn.

Noch vorgeprägt vom ersten Schwung,
das Ziel ist scheinbar festgelegt.

Reißt mit Partikel auf dem Weg,
die ungeahnt die Richtung ändern.

Als Chance oder Schicksalsschlag
wird so, was einmal vorbestimmt,
verändert, wenn die Zeit verrinnt.

Mediziner

Unsre Medizin heilt Menschen,
repariert den Organismus;
Kabelprüfstand in den Räumen,
den die Techniker verstehen.

Und der Tod besiegt den Fortschritt,
hinterlässt Fragment des Schicksals,
das, was bleibt, nur Datensätze,
wohl geordnet im System.

Könnten sprechen unsre Ahnen,
die das gleiche Schicksal hatten,
würden vom Gesicht berichten,
welches sie behandelt hat.

~ ~ ~

Virtuell

Nach der Arbeit trifft sie Freunde,
jeden Abend, jede Nacht,
denn mit Menschen dunkler Tage
hat sie nie etwas gemacht.

Und sie offenbart ihr Wesen
Avataren ihrer Welt,
wie auch diese ihr erzählen,
was sie für die Wahrheit hält.

So gesichtslos, wie sie schreiben,
sterben sie im Morgengrau'n,
den Gesichtern neuen Tages
wird sie jedoch nie vertrau'n.

Alltagswind

Tausend Augen schauen gierig,
saugen auf die Sensation,
Massenemotionen tragen
Tränen der Nation davon.

Teddybär und Trauerkerzen
schmücken Stätte einer Tat,
und Entrüstung hält solange,
bis die Welt was Neues hat.

Übrig bleiben die Gefühle,
derer, die betroffen sind,
und die Reste auf der Straße
fegt hinweg der Alltagswind.

~ ~ ~

Blütenblätterexplosion

Träge überziehen Knoten
schlanke Streben der Natur;
Reifung spannt mich auf die Folter
jeden Tag das gleiche Bild.

Knospen kämpfen knisternd weiter,
Fauna harrt mit Ungeduld,
sich zu stürzen in die Wohltat,
die beseeltes Herz entbehrt.

Aufgeblähte Wunderkugeln
spannen die Erwartung an,
Schrecksekunde über Nacht,
Blütenblätterexplosion.

Brüder im Kampf

Schlammgemetzel, Trommelfeuer,
Schützengraben, langer Sarg,
wo des Krieges Ungeheuer
macht sich zur Vernichtung stark.

Jeder kämpft ums Überleben,
lang verloren ist das Heer,
und Gefühle, die sich regen,
stumpfen ab im Leichenmeer.

Kämpfer sehen keine Seelen,
Schatten schlachten Schatten nur,
tot sind die, die sich nicht quälen,
Schrei nach Mutter auf fünf Uhr.

Wahngefleische lässt verschwinden
Spuren einer Menschlichkeit,
sinnlos sich im Schmerze winden
Kinder der Vergangenheit.

Zwei Paar Augen gegenüber,
die der Zufall tief verblickt,
und der Mensch erkennt sich wider,
handelt nicht mehr wie verrückt.

Fremdes Feuer fällt die beiden,
Hoffnung sinkt so auf das Land,
eh' der Tod besiegt das Leiden,
reichen Brüder sich die Hand.

Der Schwätzer

Sinnentschwängert Äußerungen
aus dem allwissenden Mund,
er berichtet Großgeschichten,
Bilder werden viel zu bunt.

Staunend, stolze Satzgemenge
bringt er stets an unser Ohr,
nicht der Inhalt seiner Sprache,
nur sein Ton macht uns was vor.

Ungebremst vollführt die Zunge
Satzartistik ohne Netz,
und er merkt nicht dass die Saltos
stürzen Worte ins Geschwätz.

Würde er doch bloß verlassen
die Arena dieses Sports,
oder Wahrheit nur verfassen,
die geschehen andern Orts.

Die Klausur

Klick, noch einmal schnell besinnt,
unbeirrt der Zeiger läuft,
und die Feder nun beginnt,
Wörter sind schnell angehäuft.

Was sie schreibt kann sie nicht wissen,
nur der Schreiber selbst versteht,
lässt in sie Gedanken fließen,
merkt nicht, wie die Zeit vergeht.

Und aus anfangs ruhigem Denken
mehr und mehr wird eine Hatz,
Zweifel jetzt die Feder lenken,
Wissen macht dem Raten Platz.

Eben weiche Schriftgebilde,
tanzend aus des Schreibers Kiel,
jetzt verzerrte Wortgefilde,
rennen gegen Zeit zum Ziel.

Doch des Zeigers leises Ticken
hämmert drohend bald im Ohr,
schon hört man die Stoppuhr klicken,
und ein Raunen summt im Chor.

~ ~ ~

Fata Morgana (Haiku)

Lippen durst-verbrannt,
schleppende Unendlichkeit,
Spiegelbild zerbricht.

Fluggedanken

Löse mich von den Objekten,
steige durch die Schleier auf,
sehe milchig das verschwinden,
was nur dort bedeutungsvoll.

Gleichgültiger Gleichmut
an der Grenze zweier Welten,
grauer Korridor wird lichter,
letzte Fetzen alter Last.

Nicht bedrückend jene Fragen,
die in Zeit und Raum entstehen,
Gegenständlichkeit blockierte,
was nun endlich fließt sich aus.

~ ~ ~

Der letzte Weg

Auf dem letzten Weg
wird Erfolg und Schicksalsschlag
zum Gedenken an das Wesen;

auf dem letzten Weg
werden Erinnerungen an Geschichten
zur Geschichte des Begleiteten;

auf dem letzten Weg
wird die Angst vor dem Abschied
zur Hoffnung auf ein Wiedersehen,

auf dem letzten Weg
wird der letzte Kampf
zum Triumph der Friedlichkeit.

Kleine Erbärmlichkeit

Fieberwarme Decke
hüllt Erbärmlichkeiten ein,
kleiner Körper kämpft im Wachtraum
gegen unsichtbaren Feind.

Quälend lächelnd Lieblingsspielzeug
in die kleine Hand gelegt,
und das Lächeln wird erwidert,
zeigt, dass sich die Seele regt.

Doch die Hoffnung, die wir hegen,
aus Erfahrung ist geweckt,
wenn auch traurig diese Stunde,
tödlich nicht, was niederstreckt.

Und schon morgen wird es lachen,
was mir heute Kummer macht,
und das Leben, es wird sprudeln,
Heilung kommt oft über Nacht.

Der Hypochonder

Der Morgen graut, bin noch nicht wach,
mein Körper schwitzt und ist ganz schwer,
und schon denk ich darüber nach,
wo kommt denn diese Krankheit her.

Ein Zieh'n im Rücken kündigt an,
ein Übel mich wohl niederstreckt,
ertaste meine Waden dann,
'nen Knoten links im Bein entdeckt.

Und auch mein Puls ist viel zu hoch,
zeigt die Statistik, die ich führ',
vielleicht hab ich im Herz ein Loch,
bald steh' ich vor des Arztes Tür.

Er tastet wieder einmal ab,
was er fast wöchentlich ja tut,
und schaut ganz ernst auf mich herab:
ich glaube Ihnen geht's ganz gut.

Er glaubt es, doch er weiß es nicht,
und will nicht sagen, was ich hab,
er will mich führen hinters Licht,
verschweigen, dass mir droht das Grab.

Nach Hause geh' ich durch die Stadt,
mal kein Symptom, das mich erregt,
ich hab wohl wieder Glück gehabt,
den Tag noch einmal überlebt.

Legenden

Ich schaue auf den Ozean,
der schon von Kindheits Beinen an
mich verbindet mit Geschichten,
Ahnen konnten sie berichten.

Meeresbilder, sie verschwimmen,
sehe Segel, die erklimmen
starke Masten auf den Schiffen,
Kampfgekreuze zwischen Riffen.

Höre schallend Schwerter klingen,
Kämpfer um ihr Leben ringen,
fühle Schweiß- und Teergeruch,
auf der See ein Leichentuch.

Aus der Phantasie erwacht,
von Legenden wohl gemacht,
schaue ich zum seichten Grund,
rostig alter Seemannsfund.

Ehemals wohl eine Klinge,
modernd zwischen Algenschlinge,
übrig nur noch Heft und Knauf,
eingraviert mein Name drauf.

Aus Jauche Mist

Im gleichen Sumpf
des Einheitsbreis
erwächst Idee
rudimentär.

Kann nicht erlangen
den Erfolg,
den andere damit
gewonnen.

Und blasend in das
gleiche Horn,
wie die,
die früh sich separiert,

verachtungsvoll,
mit Blick zurück,
was Jauche war,
nun Mist verschmiert.

Unaufhaltbar
Rückfall droht,
was nicht die Oberen tangiert,
der Sturz dorthin,
woher er kommt,
auch Untere nicht mehr berührt.

Linkshändisch

Links geschrieben, links gedacht,
intellektuelle Chance,
immer wieder rechts gezwungen,
leidvoll wird, was leidlos ist.

Separiert nur all zu oft
von Gedankenkonvention,
Einzelgängerschicksal folgt
auf die Unverstandenheit.

Offenheit für neues Denken
kann erweitern Wissenschaft,
lasst die Linken nicht links liegen,
fördert ihre Schaffenskraft.

~ ~ ~

Schatten der Vergangenheit

Könnten wir den Raum betreten,
den die Gegenwart verließ,
graue Schatten würden liegen
auf der Gegenständlichkeit.

Hier bizarr, geschmeidig dort,
Schicksalsbilder in schwarzweiß,
lassen grob nur das erkennen,
was sich zugetragen hat.

Zukunft schreitet weiter fort,
und die Schatten werden blasser;
bis sie gänzlich sind verblichen,
Bildgeschichten neu entsteh'n.

Schlafende Liebe

Schlaf umspielt die zarten Lippen,
widerspiegelnd schönen Traum,
Lider liegen lieblich schauend,
spüre deinen Atem kaum.

Und dein Antlitz spricht von Frieden,
Herzensbotschaft schickt es mir,
möchte diesen Frieden lieben,
doch den Traum nicht nehmen dir.

Also liebe ich die Liebe,
die mir so entgegen scheint,
freue mich auf dein Erwachen,
wenn sich unser Blick vereint.

~ ~ ~

Seelenfänger

Rettungsnetze laden ein,
weiche Maschen fein gesponnen,
ziehen magisch jene an,
die der Wirklichkeit entronnen.

Aufgefangen Seelenleid,
das nirgendwo in Gnade fällt,
tief verstanden fühlt es sich,
ganz separiert vom Rest der Welt.

Scharfe Fäden schneiden ein,
wo das Wiegen wird zum Winden,
nur ein stilles Harren noch
lässt den Kampfesschmerz verschwinden.

Staubverblasst

Künstlich rote Rosenblätter,
staubverblasst seit vielen Jahren,
wie die Blüten unsrer Liebe,
die einst farbenprächtig waren.

Niemand nahm sich an der Blumen,
die, nur lieblos arrangiert,
ohne Ausdruck einer Schönheit,
zeigen, was mit uns passiert.

Hätten wir entstaubt viel eher
solche einst so volle Pracht,
niemals könnte man entrauben
uns die wundervolle Macht.

Zu verschmutzt die Zeitgespinste,
die verwirren das Gesteck,
und wie die verblasste Liebe,
werfen wir es einfach weg.

Unberührt

Stille Ufer vor dem Wasser
das mit Seerosen bedeckt,
seichte Wellen spielen lautlos
mit dem Licht, das sie befleckt.

Und Gedanken schicken Blicke,
reflektiert im Leuchtgewirr,
nicht zu suchen eine Antwort,
nur zu fühlen jetzt und hier.

So erfüllt und doch entleert auch
lassen wir uns gern entführ'n,
sitzen dort nur still beisammen,
unberührt kann ich dich spür'n.

Wohlig streift mich warm ein Schauer,
Liebeshauch ums Herz mir weht,
und in deinen Augen les' ich,
dass es dir genauso geht.

~ ~ ~

Unerwidert (Senryu)

Reicht die Hand zum Gruß,
starr verharrt die andere,
Freundschaftsblick wird leer.

Bahnsteigwettlauf

Ein Kuss, so kalt und ungeschmeckt,
den ich durch nasses Glas dir gab,
die letzten Worte unentdeckt,
ein stummer Blick von dir herab.

Aus Schritten wird ein schneller Gang,
ein Wettlauf der verloren ist,
ich ruf' so laut ich es noch kann,
der Fahrtwind Wörter bald vergisst.

Und Hand auf Hand verzweifelt presst,
auf diese Scheibe, die uns trennt,
bis kraftlos meine sie verlässt,
wie auch der Blick, der von uns rennt.

Doch sehne ich herbei den Tag,
der Herzen hoffnungsvoll berührt,
dass der, dem ich so unterlag,
bringt mir zurück, was er entführt.

Wilde Wasser

Ruhig liegen blaue Seen
im Gesicht der Traurigkeit,
Fein gezeichnet Uferränder,
röten sich bedrohlich ein.

Eine Kraft versucht zu halten,
was ein Wort zerstören kann,
langsam steigen wilde Wasser
aus der Tiefe dieser Schönheit.

Überfluten Randgebiete,
fließen dann zum Wangental,
und Umarmung eines Menschen
wird versiegen diesen Strom.

~ ~ ~

Gedankenflucht

Stets der gleiche Fluchtgedanke
will verlassen diese Welt,
und durchbrechen eine Schranke,
die mich hier gefangen hält.

Doch egal, wohin ich gehe,
stets holt es mich wieder ein,
keine Chance ich so sehe,
all mein Denken zu befrei'n.

Ein Portal hab ich gefunden,
klein und liegt gut in der Hand,
zieht im Schreibblock seine Runden,
und mein Geist sieht neues Land.

Herbstzeit I

Nicht ersehnt und doch erwartet,
bin erwacht in einer Welt,
die nicht, wie die Sommerträume,
Lebenslust am Leben hält.

Schwer beweglich alle Glieder,
äußerliche Wärme fehlt,
was den Geist zuvor belebte,
nicht mehr mein Gemüt beseelt.

Und so muss er produzieren,
innerlich mit aller Kraft,
ein Gefühl des Überlebens,
das im Winter Freude schafft.

Dieses kann nur dann gelingen,
wenn die Schönheit wir auch seh'n,
die die dunklen Zeiten bringen,
und ins Licht dahinter geh'n.

Herbstzeit II

Pfeifend drückt der Wind in Ritzen
Boten, die der Herbst gesandt,
ungestüme Wetter sitzen
überall im ganzen Land.

Bäume schwer mit Gelb behangen,
schütteln peitschend von sich ab,
was schon lange Zeit vergangen,
stürzt hinab ins Modergrab.

Blitzend laute Waffenbrüder
nasser Himmelsstürmer Flut,
wettern auf die Erde nieder
und entfachen manche Glut.

Schließt die Spalten in den Stuben,
wickelt ein euch vorm Kamin,
fürchtet nicht die Kampfesbuben,
werden bald schon weiterzieh'n.

Herbstzeit III

Saftig dichte Grüngesellschaft
sommerlicher Festtagsgäste
drängelt schillernd um den Stamm,
der die volle Pracht verleiht.

Sie gebären sich im Rausche,
tanzen weichen Windeswalzer,
ahnen nicht, dass Gelbgenossen
Unbeschwertheit trüben bald.

Das, was Einzelne ereilt hat,
widerfährt nun Tausenden,
doch sie tanzen schwingend weiter
ihren letzten Todestanz.

Und der Dirigent der Lüfte
schwingt den Taktstock zum Finale,
bis der Letzte hat verlassen
diesen Ballsaal der Natur.

Kamingeschichten

Weißes Kunstwerk wohl geschichtet,
nicht von Dauer wird es sein,
kleine Flamme wird es richten,
auf dem Tisch steht ein Glas Wein.

Wabert rötlich in der Tiefe,
züngelt oben zum Kamin,
färbt die Abenteuer spannend,
wenn sie durch die Pfeife zieh'n.

Knisternd knacken krumme Hölzer,
bäumen sich noch einmal auf,
hell verlodern ihre Seelen,
Höhepunkt nimmt seinen Lauf.

Schwarz verweißte Glutgespinste
sterben in die Nacht hinein,
phantasiebeschwingte Geister
schenken ihm noch einmal ein.

Zwillinge

Selbst bestimmt und doch gebunden,
Ursprung einzelne vereint,
immer schon und nicht gefunden,
einer selten einsam weint.

Teilen Felder der Gedanken
und Gefühle nur durch Blick,
wo der Körper bildet Schranken,
hält den Geist oft nichts zurück.

Raum und Lebenslinie trennen
das, was lange eine Welt,
wenn auch zwei von dannen rennen,
innere Verbindung hält.

Seelen segeln sicher weiter,
stürmisch oft das Lebensmeer,
wissen stets um den Begleiter,
läuft gedanklich nebenher.

Zirkus

Schemenhafter dunkler Kreis
und ein Knistern in der Luft,
Totenstille wartet leis',
Trommelwirbel Spannung ruft.

Nun erwacht die runde Welt,
bunte Lichter und ein Clown,
nichts sie auf den Sitzen hält,
tausend Kinderaugen schau'n.

Off'ne Münder staunen bald,
Streifentiger schleichen ein,
Peitsche im Gehege knallt,
wird es wirklich sicher sein?

Und Artistenattraktion
wirbelt sicher durch die Luft,
Saltos rollen schnell davon,
Zugabe die Menge ruft.

Abends müde, aufgeregt,
Bilder gehen durch den Sinn,
Kuschelbär ins Bett gelegt,
wo führt ihn der Clown wohl hin?

Zeitgeister
Es ist kurz vor zwölf

Gedichte

von Lorenz Filius

Oslo, im November 2008

Wenn die Augen lachen,
feiert die Seele ein Fest;
wenn die Seele erfriert,
lacht nur noch der Mund.

Lorenz Filius

Inhaltsverzeichnis

Zeitgeister – 7

Momente – 29

Romantisches – 71

Geschichten – 83

Zeitgeister

Armut

Tiefe Augenhöhlen schauen
lustlos in den grauen Morgen,
Frühstück ohne Brot und Liebe,
Mama hat jetzt andre Sorgen.

Schulbus fährt das junge Leben
dorthin, wo die Zeit verfließt,
Heilsarmee bringt Mittagessen,
karge Suppe es genießt.

Nachmittag, gemeinsam einsam,
spielt mit andern seiner Art,
doch die Spiele dieser Wesen
sind mit schwerem Stoff gepaart.

Und die Zeit, der größte Gegner,
wird bekämpft mit Rausch und Rauch,
wenn's die Kälte treibt nach Hause,
keine Suppe mehr im Bauch.

Hungrig, später Gutenachtgruß,
dort, wo Vater Ruhe hat,
Kasten Bier, Computerspiele,
Flachbildschirm im Großformat.

Wahrzeichen

Thront Jahrzehnte über Land,
für das Auge keine Zier,
durch ihn war die Stadt bekannt,
brachte Brot den Menschen hier.

Dunkles Gift die Lungen fraß,
Leben kurz und sicher doch,
mancher lange Tage saß
fern der Heimat tief im Loch.

Glück und Opfer jener Zeit,
die verbunden mit dem Turm,
waren stets zum Kampf bereit,
zu entgeh'n dem Fortschrittssturm.

Ausgebeutet steht er nun,
Scharfrichter ein Kindeskind,
hängt sich selber durch sein Tun,
schwarzer Staub, verweht im Wind.

Kann es sein?

Kann es sein, dass uns die Wirren
dieser Zeit den Kopf verdreh'n
und vor lauter Menschenbildern
wir den Menschen nicht mehr seh'n?

Kann es sein, dass unser Handeln,
das für alle wichtig ist,
ist für uns nur von Bedeutung,
andres Tun wird nicht vermisst?

Kann es sein, dass unsre Liebe
aus dem Wir zum Ich gefloh'n,
und bezeugte Floskelsätze
straft die Wirklichkeit mit Hohn?

Kann es sein, dass ich mein Leben
in Gemeinschaft einsam leb',
beim Versuch des Miteinanders
mir stets nur das Beste geb'?

Zeitungen

Nicht nur taugen Taggeschichten,
um die Bildung zu erfreu'n,
decken auch in manchen Nächten
kalte Seelen wärmend ein.

Mit der Schwärze dieser Blätter
Tausende zur Arbeit geh'n,
dient als Pflege in Gesichtern,
die den Tag allein durchsteh'n.

Oft missbraucht als Schmutzvermeidung,
ausgelegt auf Marmorstein,
andre wickeln karge Reste
stolz aus Abfalleimern ein.

Achtlos abgelegt, vergessen,
kostete ja nicht die Welt,
für den Finder unterdessen
spart die Zeitung großes Geld.

Leblose Liebe

Ich liebe deine zarte Haut,
auch wenn sie kalt auf meiner klebt,
und hauche dir den Atem ein,
obwohl kein Herz dir inne lebt.

Gesicht wie aus dem Märchenland,
ich himmle deine Augen an,
der Glanz ist schön und doch so tot,
dein Blick nur starr mich treffen kann.

Ich pflege und ich kleide dich,
du tust, was ich mir bilde ein,
die roten Lippen stets bereit,
ein Streit wird niemals uns entzwei'n.

Stumm liegst du nachts in unserm Bett,
Geborgenheit, die es nicht gibt,
und meine Tränen zeigen mir,
dass meine Lüge mich nicht liebt.

Auf und davon

Sie haben einen großen Traum,
ein Fieber, nur genährt durch Not,
zurückzulassen Lebensraum,
der ihnen Lohn nicht gibt und Brot.

Rosig einfach sind die Welten
jenseits dieser, wo sie leben,
‚sehr naiv' wird man sie schelten,
was sie suchen, wird's kaum geben.

Hoffung auf die große Wende,
sprachlos und mit Anspruchsdenken,
Notration neigt sich dem Ende,
Freundlichkeit wird Brot nicht schenken.

Dort, wo andre residieren,
hausen sie mit leeren Taschen,
erst're fein am Strand dinieren,
letztre sammeln alte Flaschen.

Mut

Lange brodelt tief im Innern
eine Stimme, die mir sagt,
dass, was andere erzählen,
meinem Denken nicht behagt.

Was ich sehe, sind Geschichten,
aufgeblasen und nicht wahr,
oder ich mich selbst belüge,
seh' die Wirklichkeit nicht klar.

Finde Steine in den Händen
derer, die erwartungsvoll
darauf harren, dass ich sage,
sage, was ich sagen soll.

Aber Sollen ich nicht möchte,
lieber schweigen ohne Mut,
Angst vor steinigender Strafe
straft mein Innerstes mit Wut.

Also werde ich es wagen,
von Blessuren kaum verschont,
nicht für viele, doch die Meinen,
sich die eigne Meinung lohnt.

Welten

Unmut macht am Sonntagmorgen,
wenn kein Kuchen in der Stube;
Nachbars Kind will Milch sich borgen,
Schmerzen in der Magengrube.

Unzufriedenheit lässt grüßen,
montags ich zur Arbeit geh';
junge Frau mit nassen Füßen,
findet Apfelrest im Schnee.

Und der Wagen, den ich fahre,
ist auch schon zwei Jahre alt;
Pfützenwasser in die Haare,
geht nach Hause, Heizung kalt.

Große Wünsche, tolle Spiele,
kleiner Mann nicht anspruchslos;
leeres Sparschwein in der Diele,
Flickenteddy auf dem Schoß.

Zum Geburtstag meiner Liebsten,
eine Reise es sein muss;
und sie kuscheln, und sie träumen,
denkend an den ersten Kuss.

Verbannte Schätze

Tief in dunklen Holzschubladen
harren Schätze, unbekannt,
nie geglaubt an ihre Schönheit,
wurden sie dorthin verbannt.

Manche traurig, manche spannend,
Phantasie des Geistes liegt
in den Schriften ihrer Schöpfer,
die die Ignoranz besiegt.

Euphorie lässt sich vermarkten,
nicht mit diesem Herzensblut,
denn der Zeitgeist fordert gierig,
hoch bezahlt Vermassungsflut.

Das was bleibt nach allem Unkraut,
sind die Samen, die gesät,
ob sie jemals blühen werden,
nur die Zukunft uns verrät.

Endzeitratten

Nimmersatte Endzeitratten
spülen durch den toten Strom,
längst zerfressen, was dort lebte,
ahnen auch ihr Ende schon.

Lassen die Lakaien jagen,
die zu Schandtaten bereit,
können kaum die Beute tragen,
zum Verzehren fehlt die Zeit.

Hymnen singen Kreaturen
auf die Plagegeisterflut,
wenn sie fette Beute machen,
glauben jene, es ist gut.

Streuen Gift vereinzelt Denker,
um zu retten was verbrannt,
sterben nur die kleinen Lichter,
Ratten sind schnell fortgerannt.

Stehen auf die tot Geglaubten,
ihre Kraft gibt neues Licht,
unter den gewählten Helden,
wohlbekanntes Spitzgesicht.

Liebe ist?

Liebe ist,
wenn du ihn streichelst,
wenn er keinen Grund dir gab?

Liebe ist,
wenn du ihm zuhörst,
wenn er harte Worte sagt?

Liebe ist,
wenn du ihn feierst
wenn er lügt den ganzen Tag?

Liebe ist,
wenn du bei ihm bleibst,
wenn er Schläge geben mag?

Liebe ist,
wenn du versteh'n kannst,
dass er nicht besucht dein Grab?

Liebe ist
nicht eine Pflicht!
Glaube mir,
du liebst dich nicht!

Einzelkämpfer

Ungerechte, klare Lage
lässt dir lange keine Ruhe,
und es stellt sich nun die Frage,
was man denn dagegen tue.

Willst du fragen jene Leute,
die die gleiche Meinung haben,
dass sie helfen dir noch heute,
zu bekämpfen diese Plagen?

Dann hab Acht vor der Gefolgschaft,
kann dir fallen in den Rücken,
ist erfolgreich deine Schlagkraft,
sie sich gern' mit Lorbeer schmücken.

Oder doch alleine gehen,
um zu kämpfen für die Ziele,
wirst kaum Freunde dabei sehen,
vor- und nachher auch nicht viele.

Der Chef

Schreibe Briefe an Personen,
die versteckt im Bildschirm wohnen,
wenn bedrücken mich die Sachen,
die man könnte richtig machen.

Diese ungeseh'nen Geister
oft entpuppen sich als Meister
im Verdrehen ihrer Künste,
seltsam ihre Hirngespinste.

Also werde ich besuchen
jene, die ich könnt' verfluchen,
in Gebäuden, wo sie sitzen,
sind des Starrsinns höchste Spitzen.

Frage ich, werd' ich verschoben,
kämpf' von unten mich nach oben,
und die menschlichen Gesichter
werden nach und nach gewichter.

Dann der Letzte vor dem Letzten,
klüger als die, die mich hetzten,
er versteht zwar meine Klagen,
doch ich müsste IHN noch fragen.

Weist den Weg mir zu dem Zimmer,
hier der Chef, der ist da immer,
trete endlich ein in Hallen,
wo Entscheidungen nur fallen.

Und da steht er übermächtig,
strahlt mich an aus Schirmen, prächtig,
ihm will ich Vertrauen schenken,
braucht nur Strom, um nachzudenken.

Kurz vor zwölf

Um halb zwölf die Zeit der Kriege,
Zeit genug für schwache Siege,
Zeiger dreht bis zwölf die Runde,
Frieden eine halbe Stunde.

In Minuten, die vergehen,
ist nichts so, wie wir es sehen,
was am Mittag auf uns wartet,
um drei viertel schon entartet.

Doch wir pochen auf den Frieden,
den einst Kriege uns beschieden,
kurz vor zwölf wir den verlachen,
der uns sagt, um zwölf wird's krachen.

* * *

Ein letztes Bad (Senryu)

Tief entleerter Sinn,
klares Wasser färbt sich rot,
Silberklinge sinkt.

Spielplatz

Schaukelbretter pendeln lustlos,
wie der kalte Wind es will,
Spuren hart in Sand getreten,
Frost hält Sommerbilder still.

Ungepflückte Zeitgenossen,
stinkend, blechern oder scharf,
dominieren Kuchenformen,
wo kein Kind mehr spielen darf.

Husten hinter dichten Fenstern
blickt mit Sehnsucht auf den Platz:
Wann darf ich dort wieder spielen?
Ach was weiß denn ich, mein Schatz!

Betoniert wird diese Stätte,
scheinbar fehlt der Stadt das Geld,
doch den wahren Grund der Schließung,
hat man uns noch nie erzählt.

* * *

Schlussverkauf (Senryu)

Ende einer Jagd,
Jäger schleppen Beute heim,
Kindermagen knurrt.

Ein ganz normaler Tag

Morgens steh ich in der Küche,
schnell ein Frühstück dir gemacht,
und ich hoffe, dass die Träume
Glück dir brachten in der Nacht.

Noch den Sandmann in den Augen,
trinkst verschlafen deine Milch,
Brotzeit machen, Ranzen packen,
und dann ab, geliebter Knilch.

Nach der Schule geh'n nach Hause
wir gemeinsam Hand in Hand,
Mittagessen, Hausaufgaben,
spielen dann im Märchenland.

Zwischendurch noch Wäsche waschen,
Einkauf und was sonst anliegt,
alles kann ich heut nicht schaffen,
Müdigkeit mich fast besiegt.

Freundin wieder mal vertröstet,
Abendessen auf dem Plan,
und zur Gutenachtgeschichte
bin ich heut noch einmal dran.

Schwesterlicher Kuss zum Abschied,
hoffe, dass du glücklich bist,
Mama kommt vielleicht noch später,
wenn sie wieder nüchtern ist.

Die eine Nacht

Heilig ist die eine Nacht,
die ein Kind zur Welt gebracht,
ruhig wird sie niemals sein,
viele andre Kinder schrei'n.

Fröhlich ist die eine Nacht,
die Familien Freude macht,
friedlich wird sie niemals sein,
Vater kehrt vom Krieg nicht heim.

Satt gemacht hat eine Nacht,
Weihnachtsessen eine Pracht,
wohlig wird sie niemals sein,
nichts in armen Bauch kommt rein.

Was ist schon die eine Nacht,
wo der Mensch sich vor was macht,
einmal wird im Jahr sie sein,
kann sie jemals uns befrei'n?

Zeitgeister

Pharaonen sind die Götter,
glaubte man vor vielen Jahren,
auch, wenn diese Wahngedanken
sonst nie mehr ein Thema waren.

Tief im Mittelalter brannten
Frauen, die Ideen hatten,
später wird man Frauen fragen,
weise Männer zu beraten.

Witze über hohe Herren,
nicht erlaubt in alten Zeiten,
Kabarette heute machen
Scherze über Obrigkeiten.

Schnelligkeiten dieser Tage
sind der Menschen Antriebsmeister,
nicht die alten Götterväter;
jede Zeit hat ihre Geister.

Der Suppenesser

Erster Löffel stillt den Schmerz,
der geprägt hat diesen Tag,
denn die weihnachtlichen Düfte
auch der Suppenesser mag.

Vor dem Fenster bunter Schein,
überm Teller Neonlicht,
draußen langsam Glühwein sickert,
kalt wird Suppe drinnen nicht.

Glockenklang zur Heil'gen Nacht,
Löffel klingt zum letzten Mal,
auf dem Kirchplatz frommer Segen,
voller Bauch verlässt den Saal.

Letztes Fenster geht zur Ruh',
eine Bank im Park belegt,
Blick zur Sternschnuppe am Himmel,
Wunsch zum Lächeln ihn bewegt.

Momente

Vorboten

Hörst du es klopfen,
hörst du es klopfen,
schlägt vor dem Fenster,
hämmernde Tropfen.

Hörst du es sausen,
hörst du es brausen,
zischende Peitschen,
Wetterbanausen.

Siehst du sie fliegen,
siehst du sie fliegen,
die sich zuvor noch
quälend verbiegen.

Hörst du sie klagen,
hörst du sie klagen,
die vor die Türe
sich nicht mehr wagen.

Fühlst du das Kriechen,
fühlst du das Kriechen,
kalt bis zur Nase,
kannst ihn schon riechen.

Siehst du die Flocken,
siehst du die Flocken,
musst nicht mehr länger
drinnen nur hocken.

Ausmalbilder

Wer gesehen die Gemälde
zu der Zeit der großen Färbung,
kann mit Zuversicht erinnern
Leuchtreklame der Natur.

Doch der Maler dieser Bilder
wird radieren alle Jahre
Farben aus der bunten Leinwand
bis zur Skizzenhaftigkeit.

Ausmalbilder ohne Farbe
zeugen von des Jahres Ende,
laden ein zu phantasieren,
über das, was einmal war.

Doch nicht lange bleibt es gräulich,
Horizonte glühen golden,
und des Pinsels letzte Strahlen
kolorier'n Konturen neu.

Träume

Letzte Szene ist beendet
auf der Bühne des Bewusstseins,
Tagesvorhang fällt mit Schwärze,
kein Applaus die Stille stört.

Denn das Publikum bin ich nur,
meiner eigenen Geschichten,
wenn die Aufführung beendet,
kann ich selber nichts mehr tun.

Doch von Zeit zu Zeit belohnt sich
das Gespielte manchmal selber,
hinterm Vorhang wird es heller,
eine Zugabe beginnt.

Sehnsuchtsvolle Szenerien,
tödlich scheinende Gefahren,
inszenierte Wahnsinnshandlung,
zieht mich tief in ihren Bann.

Tage dauern nur Minuten,
bleiben will ich, oft auch gehen,
und nach vorgerückter Stunde
neue Inszenierung sehen.

Der Tunnel

Schnaufend, stampfend, schreiend rennt er
schnell entgegen schwarzem Schlund,
mit gefangen mit gehangen,
kein Entkommen diesem Mund.

Ungekaut wird bald verschlungen,
was an einer Kette hängt,
Fenster schauen in den Rachen,
jeder jetzt das gleiche denkt.

Sonst befreit in alle Winde,
lief sein lauter Ruf voraus,
hallt nun schauerlich von Wänden,
kurz, bevor der Spuk ist aus.

Nach Sekunden, lang empfunden,
gibt er frei, was er verschlang,
und der Blick in schwarze Löcher
gierig folgt dem Freiheitsdrang.

Winterpfeil

Augen konzentriert auf diese Spur,
Johlen streift das Ohr am Rande nur.

Einzig ein Signal wird noch erkannt,
tönt es, Körperspannung sich entspannt.

Kein Zurück von nun an es mehr gibt,
wer verliert den Boden, bald schon fliegt.

Schlanker Pfeil schießt los im Scherenschnitt,
tausend Augen recken seitwärts mit.

Pfeil und Blicke treffen einen Punkt,
er und sie in Euphorie getunkt.

* * *

Das Duell (Senryu)

Augen der Revanche,
Schritte ohne Blick zurück,
Vögel schrecken auf.

Sonnenuhr

Zeitlos liegen Tageszahlen
ihm zu Fuße in der Nacht,
früh am Morgen erste Strahlen
schenken ihm, was Zeit ausmacht.

Schickt den Schattengeist hernieder,
lenkt ihn marionettengleich
über jedes seiner Glieder,
wenn der Tag ist sonnenreich.

Lang wirft er sich in den Reigen,
schrumpft zur Halbzeit seiner Frist,
unter Wolken stirbt das Zeigen
dessen, was vergangen ist.

Zieht sich wieder in die Länge,
weist er uns des Tages End',
Sonne drängt ihn in die Enge,
ins Verderben er nun rennt.

Spät verblasst und dann verschwunden,
zeitgefroren ist der Schaft,
dreht des Nachts nie seine Runden,
erst am Tag er neu erwacht.

Blau und Blau

Wo das Blau das Blaue trifft,
Wasser wird verschweißt mit Luft.

Gelb gebrannte Spiegelungen
sind der Funkenflug des Brenners.

Taucht er ab, wird fest verschmolzen
Blau und Blau zu grauem Schwarz.

Nur ein Licht in weiter Ferne
lässt erahnen eine Naht.

* * *

Sommerfluch (Senryu)

Punkt auf dem Asphalt,
einem folgen Tausende,
Fluch im Regenkleid.

Fliegende Teppiche

Segeln langsam durch die Lüfte
tausend Teppiche hernieder,
wechseln Jahreszeitendüfte,
riecht nach Erde, nicht nach Flieder.

Und die Reiter der Beschwingten
sind der Sommerträume Reste,
welche lange Zeit umringten
längst vergang'ne Vogelfeste.

Windes Laune lässt sie schweben,
unentschlossen ihre Geister,
schenken grauen Tagen Leben,
finden bald schon ihren Meister.

Friedlich liegen sie beisammen,
leise lispelnd Luftgeschichten,
gehen hin, woher sie kamen,
haben dort nun andre Pflichten.

Wüstengastspiel

Langsam wandern einzeln Körner,
treibt der Wind einmal im Jahr,
unter ihnen keine Hoffnung,
sind sie fort, bleibt's wie's war.

Blaues Kleid ergraut von Ferne,
schickt den Blasebalg voraus,
Reigentänze fegen Spuren,
Schlange frisst die Wüstenmaus.

Wolkenfelsen werfen Schatten,
sperren zu das Einfallstor,
dort wo heiße Stacheln stachen,
preschen Wassermassen vor.

Sandig, samtig, Sintflutspülung,
Glanz versickert, Strom erstarrt,
unerwartet aus der Ödnis,
Invasion der andern Art.

Gräserstängel, Blütenblätter,
Farbenpracht zieht übers Land,
zeigt das Potential des Lebens,
dort, wo es fast unbekannt.

Nur ein Gastspiel sieht die Spinne,
kauernd, lauernd, unterm Stein,
sind verbrannt die bunten Träume,
Sand wird unter Sand nur sein.

Lebenskompost

Unsere Liebe,
gebettet in die Rosenblüte,
fiel hinab und zerriss
an den Dornen ihres Sti(e)ls,
als jene dahinwelkte.

Unser Vertrauen,
sprießend aus den Ästen
des gewachsenen Lebensbaumes,
morschte dahin,
als wir den Stamm
in Lügen ertränkten.

Unser Glaube
an die gemeinsame Zukunft
im Meer unserer Ziele
wurde erstickt,
als das Wasser der Strebsamkeit
durch Algen der Verwirrung
zu einem Pfuhl der Zerstreuung wurde.

Die Hoffnung,
aus den Abfällen unseres Lebens
etwas Neues zu schaffen,
birgt der modernde Kompost
als Erfahrungsdünger.

Einmal noch

Lebenshauch der letzten Tage,
ist sehr schwach und duftverblasst,
kühle Schwaden aus der Erde,
stark verwest, was hing am Ast.

Und das Modern letzter Reste
stimmt uns auf den Wandel ein,
doch bevor die Nebel steigen,
soll's noch mal wie gestern sein.

Todgeweihtes eingekleidet,
graue Haut im blauen Glück,
wärmend einmal noch ein Herzschlag
drängt das Leichentuch zurück.

Die Symbiosen dieses Lebens,
eingeladen zu dem Fest,
gönnerhaft ein heller Stern
einmal noch sie feiern lässt.

Bis die Kräfte dieses Spenders
folgen dem Naturgebot,
Feuchtgewänder kalten Schlafes
warten schon im Abendrot.

Würde ich ...

Würde ich noch einmal leben,
würd' ich alles anders machen,
früher meine Wege gehen,
wenig grübeln, viel mehr lachen.

Würde niemals mich mehr binden,
immer meine Freiheit suchen,
und ein intensives Leben
würde mir viel Glück verbuchen.

Würde viele Freunde haben,
heute hab' ich nur den einen,
überall wär' mein zu Hause,
sähe selten Grund zum Weinen.

Doch bekäm' ich diese Chance,
hätt' ich wirklich mehr zu lachen,
oder würde ich mir wünschen,
alles noch mal neu zu machen?

Letzte Scherben

Sähe ich mit Seelenaugen,
würde ich die Reste finden,
die, verloren und gebrochen,
langsam aus der Welt verschwinden.

Mit Elan und übermütig,
stolz erobernd, doch verlegen,
einst pulsierend für die Liebe,
wollten sie die Welt bewegen.

Und nach vielen falschen Träumen
konnten sie den Wahren finden,
pochen zweisam in die Zukunft,
alte Schäume werden schwinden.

Nur die ewig nicht Erhörten,
welche sind gequält mit Plagen,
oder durch Betrug verzehrte,
hören langsam auf zu schlagen.

Diese sind es, die ich sehe,
hebe auf die letzten Scherben,
lasst uns denken an die Herzen,
die so fanden ihr Verderben.

Was bleibt

Letzte Wege, letzte Tage,
lang schickt niemand Briefe mehr,
ohne Abschied auf die Trage,
letzter Gruß schon Jahre her.

Bilder, die die Welt bedeuten,
für den Menschen, der nun fort,
einst Familien erfreuten,
nun ist er bei ihnen dort.

Fortgeschafft Erinnerungen,
die nicht von Bedeutung sind,
Fremde sind dazu gezwungen,
das was bleibt, verstreut im Wind.

Nur ein Bild, vergilbt am Fenster,
schaut in leere Räume rein,
blickt, als wolle es was sagen,
lach' es an, und steck' es ein.

Philosophisches

Eins und Eins

Eins und eins macht zwei,
Schneemannbauen dort im Hof;
Textaufgabe schwer,
Mädchen sind doch alle doof.

Integral von x,
nach der Schule keine Lust;
Quantenteil verwirrt,
erste Freundin, Liebesfrust.

Lern die Wissenschaft,
lauf mit dir zum Standesamt;
bin ein Matheproff,
bist mir wieder fortgerannt.

Spät emeritiert,
Enkel sitzt auf meinem Schoß;
Rechenheft dabei,
nun geht es von vorne los.

Eins und eins macht zwei ...

Luftschloss

Große Bauten wachsen prachtvoll,
Raum an Raum mit Fundament,
haargenau, so wie es sein soll,
Meister keine Grenzen kennt.

Und in stiller Luft gedeihen
Erker, Zinnen, Turm für Turm,
leichter Wind in ihren Reihen,
im Gebäude steckt der Wurm.

Denn je höher Träume steigen,
scheinbar fest Ideegestein,
Wind tanzt stärker seinen Reigen,
wird zum Sturm er, stürzt es ein.

Werden Mauern auch beschworen,
haben sie doch keinen Halt,
sind im Windspiel schnell verloren,
selten wird ein Luftschloss alt.

Unbeirrt

Lebenswege sind gefährlich,
nicht an sich, denn sind wir ehrlich,
sind es nur drei große Steine,
können brechen uns die Beine.

Angst der erste schwere Brocken,
schon gerät der Lauf ins Stocken;
Neid auf andre kann dich zwingen,
mit den Irrungen zu ringen;
und Verführung heißt der Dritte,
ob sich lohnen Abseitsschritte?

Doch den Ersten schießt der Mut fort,
frei der Lauf zu deinem Zielort;
anerkennst du eigne Werke,
wird der Neid verlier'n an Stärke;
siehst du standhaft deine Ziele,
einen Weg geh' und nicht viele.

So gewappnet, läufst du wacker,
brauchst nicht driften auf den Acker,
wo schon wieder Steine lauern,
die dir deinen Weg vermauern.

Gedankenruhe

Ruhe.
Ruhe fließt durch graue Zellen,
lässt Gedankenwelt erhellen,
Bilder füllen leere Räume,
Maler sind versteckte Träume.

Schläge.
Schläge, die das Licht durchschneiden,
lassen Blick auf Leinwand leiden,
und der Künstler tappt im Dunkeln,
die Gemälde nicht mehr funkeln.

Warten.
Warten wir mit Widerstehen,
wird es sehr bald schon geschehen,
dass der Raum, der sinnbekleidet,
wird durch Hämmern ausgeweidet.

Flucht.
Flucht vor diesen lauten Hieben,
kann die Werke, die wir lieben,
retten vor den falschen Strichen,
die die Klarheit sonst verwischen.

Räume

Räume, die uns still umgeben,
sind so nur sekundenlang,
bleiben dort, wir wandern weiter
auf der Tageszeitenbahn.

Eben Ruhe, jetzt Getöse,
Frieden erst, dann sinnlos Streit,
Kinder spielen, Männer sterben,
Lieben und zum Kampf bereit.

Aus den Städten werden Dörfer,
viele Sprachen, unbekannt,
schönes Wetter, schwere Stürme,
Meerestiefe folgt dem Land.

Und gefüllt wird stets aufs Neue,
was uns immer gleich erscheint,
mit Geschichten andrer Menschen,
die der Erdenball vereint.

Das Raster

Auf des Siebes Boden steh'n
Freunde, die durchs Raster geh'n,
meist sind's solche, die sehr gern
nur von deinen Kräften zehr'n.

Übrig die, die auch mal geben,
wollen gerne mit dir leben,
fallen durch die eng'ren Maschen,
wenn sie schau'n dir in die Taschen.

Bleiben so für lange Zeit
wenige zum Kampf bereit,
Raster grobe Löcher hat,
wenn ihr Vorteil der Verrat.

Sagt noch einer, Ich für Dich,
fragt nicht nach dem Du für Mich,
dann fällt er nicht durch das Sieb,
denn er hat dich wirklich lieb.

Das Lebensjahr

Erste Flocken fallen leise
vor dem Fenster meines Lebens,
sie entführ'n mich auf die Reise
hin zum Anfang meines Strebens.

Wenn die Knospen sich entfalten,
meines Seins, mit Tun und Drängen,
oder früh durch Frost erkalten,
Nebel vor dem Dasein hängen,

wenn im Sommer kraftvoll leuchten
Lebensblätter, die entsprungen,
oder blass vergilbt enttäuschen,
keinen Sonnenstrahl errungen,

wenn im Herbst noch widerstehen
Kräfte zäh dem Sturm der Wende,
oder schon zugrunde gehen,
viel zu früh das nahe Ende,

dann kann ich den Winter sehen,
der in Weisheit lässt mich schlafen,
oder wird im Schnee verwehen
Zuflucht in den letzten Hafen.

Überwindung der Stille

Und dein Haar vernimmt die Winde,
dort, wo andre hör'n das Pfeifen,
deine Augen schau'n Geräusche,
die sonst selten wer erhellt.

Rhythmen deiner Lieblingsmusik
spürst du tief in deinem Körper,
und sie zeigen deiner Seele,
dass dein Leben Lieder spielt.

Deine Hände sprechen Worte,
wohl verstanden von den Menschen,
die das gleiche Schicksal teilen
in der ewig stillen Welt.

Doch der Mut, zu überwinden
diese Grenze deiner Ruhe,
wird dir zeigen neue Vielfalt,
die Stille dir erzählt.

Geistige Neubauten

Müdigkeit erzwingt die Grenze,
die am Anfang setzt ein Ende,
Kreativitätsneubauten
mürben zu Gedankenstaub.

Zäher Schleim von Lethargien
überzieht die Denkgebilde,
noch beweglich, widerstehen
sie dem kognitiven Raub.

Ist verfestigt diese Masse,
sind Ideen Geistesklumpen,
frischer Phantasienatem,
wird verbrauchter Grübelmief.

Lass' die Zellen Geister trinken,
schwemmen fort verklebtes Sterben,
machen Platz für Architekten,
welche einmal ich schon rief.

Verflossen

Wenn Vergangenheit die Zukunft frisst
und der Blick voraus den Mut vergisst,
wenn das Schwelgen nur im Gestern ist
und mein Denken nicht das Morgen misst,

dann ist ausgewachsen die Gewalt,
die mein Bild in schwarzer Farbe malt,
was verflossen ist, behält Gestalt,
macht mir weiß, es bietet einzig Halt.

Doch ich löse mich von dem, was zwingt,
will es ehren weiter unbedingt,
kann mir helfen, dass es wohl gelingt,
zu bestehen, was das Morgen bringt.

* * *

Zeit

Ewig wird die Zeit vergeh'n,
weil die Dinge niemals steh'n,
Uhren zeigen uns doch nur,
der Veränderungen Spur.

Wäre alles hier und jetzt,
niemand wäre mehr gehetzt,
könnte jedoch nichts mehr tun,
keine Zeit heißt auszuruh'n.

Doch ein simpler Funke schon,
straft die Theorie mit Hohn,
löst sofort die Starre auf,
und die Zeit nimmt ihren Lauf.

Lebensgarten

Blickst du durch das Dickicht,
faul mit Alltagsgartenlaub,
wo Gedankenbäume darben,
sind Ideenäste morsch.

Siehst du nur die Reste
alter Sprossen deiner Saat,
sterben unter Dornenschlingen
lichtverlassen Modertod.

Fällen der Giganten,
die so schmählich sind verdorrt,
ist die Aufgabe der Hoffnung
auf des Geistes Wandelpark.

Gärtner deines Lebens,
schlage nicht verfrüht das Holz,
räume fort die Last der Fäulnis,
und der Garten blüht erneut.

Mit deinen Augen

Die Welt mit deinen Augen seh'n,
das kannst nur du.
Um deine Blicke zu versteh'n,
hört er dir zu.

Doch was du sagst, sein Kopf versteht,
nicht sein Gefühl.
Hat diesen längst schon weggedreht,
weiß, was er will.

Und kaum begriffen dein Gesicht,
fällt er ins Wort.
Verzweiflungslippen sieht er nicht,
fährt einfach fort.

Ein neuer Riss in deinem Herz
der Zweisamkeit
hat wieder mal befreit den Schmerz
der Einsamkeit.

Was mir ist zueigen

Steh auf Berges Gipfel,
bin sein letzter Wipfel;

Augen sanft verschlossen,
sehe, was verflossen;

Ohren in der Stille,
das, was zählt, mein Wille.

Mund sperrt ein die Worte,
öffnet Geistes Pforte.

Körper in der Schwebe,
fühle, dass ich lebe.

Freie Sinne zeigen
das, was mir zueigen.

Kindliches

Der letzte Apfel

Einsam hängt in Apfelästen
eine Frucht noch ungeseh'n,
lange her die großen Ernten,
wird schon bald nicht mehr hier steh'n.

Kurze Beine, Blick nach oben,
jeden Tag schaut er aufs Neu,
seinen Liebling sieht er wachsen,
Frage nach dem Pflücken, scheu.

Doch er muss sich noch gedulden,
bis die Frucht zu Ende reift,
und mit Feuer in den Wangen
heimlich um den Baum er streift.

So geht es den ganzen Sommer,
immer gleiche Frage, wann?
Da, ein erster roter Schimmer,
Ungeduld kaum warten kann.

Unerwartet, eines Tages,
erste Winde wehen los,
wird erlöst die kleine Seele,
Lieblingsfrucht fällt in den Schoß.

Kleines Heldenblut

Schon mit Argwohn geht zu Bette,
jener, der zur Tageszeit
spann Geschichten um die Wette,
nun noch nicht zum Schlaf bereit.

Denn aus Eifers Abenteuer,
was den Freunden man erzählt,
wächst im Schrank ein Ungeheuer,
welches sich noch ruhig verhält.

Erst nach langen Diskussionen
um den Beistand dieser Nacht,
dass dort keine Geister wohnen,
wird das Licht dann aus gemacht.

Doch nun scheinen Kopfgestalten,
die so mühsam ausradiert,
Einzug in die Nacht zu halten,
schaurig, schattend phantasiert.

Jedes Ächzen, jedes Knarren
ist ein Zeichen dieser Macht,
lässt den Mutigen verharren,
Heldenblut zur Angst erstarrt.

Früh am Morgen längst vergessen,
was die Bettdecke nur weiß,
nachts vom Monster fast gefressen,
neue Märchen gibt man preis.

Morgengeist

Sonntags sehr früh aufgewacht,
jemand hat da Krach gemacht,
noch am dämmern und nicht denkend,
dem Geräusch nicht Achtung schenkend.

Klirren laut von Porzellan,
plätschern aus dem Wasserhahn,
Laufgeräusch von flinken Füßen,
sind es Diebe, will ich wissen.

Mut hat jetzt die Oberhand,
bin auf Eindringling gespannt,
leise geh' ich in die Küche,
unterwegs schon Wohlgerüche.

Doch was sieht mein Auge da,
ärgerlich die Scherbenschar,
auf dem Esstisch um die Ecke,
frisch, die neue Sonntagsdecke.

Und mein Sohn dahinter sitzt,
schaut mich an, er lacht verschmitzt,
machte Frühstück ganz allein,
wer kann da noch böse sein?

Niklasabend

Niklasabend, alle warten,
Papa kommt wohl später noch,
Kind und Mutter schau'n in Kerzen,
an der Türe macht es ‚poch'.

Buch und Hirtenstab in Händen,
Mitra über weißem Bart,
roter Mantel voller Würde,
was ist wohl im Sack verwahrt?

Alle Augen leuchten selig,
nur ein Paar recht kritisch schaut,
denn die Brille auf der Nase
wirkt doch irgendwie vertraut.

Die Bescherung ist zu Ende,
Niklas hat noch viel zu tun,
‚Ach', fragt Mama, ‚wo bleibt Papa?'
‚Mami, der zieht sich nur um.'

Weiße Kinder – Schwarze Kinder

Weiße Kinder, weiß im Schnee,
Schlittenfahrt hinab, juchhe!
Hinterm Fenster kauernd schwarz,
jemand kratzt vom Holz das Harz.

Wölkchen aus den Mündern flieh'n,
wenn sie lachen und sich zieh'n;
Mondgesicht auf Glas er schmiert,
der im Warmen sitzt und friert.

Sonne sinkt, sie geh'n nach Haus',
frohe Stimmen fließen aus;
und noch eh' beginnt die Nacht,
einer auf den Weg sich macht.

Einsam fährt ein Schlitten dort,
wo die andern sind jetzt fort,
plötzlich knirscht im Schnee ein Schritt,
lächelt und fährt mit ihm mit.

Unten und Oben

Blick von unten findet wichtig
tote Maus am Straßenrand,
der von oben sieht die Ampel,
hält ganz fest die kleine Hand.

Mund von unten stellt die Frage,
warum ist der Himmel blau,
oben unterhält sich einer
über Krankheit mit 'ner Frau.

Ohr von unten hört das Jauchzen
fremder Nachbarskinder schrill,
und das ob're hört die Bahn schon,
die zur Stadt sie bringen will.

Hand von unten greift das Spielzeug,
quengelt wedelnd damit rum,
doch der lange Arm von oben
tauscht's in Zigaretten um.

Und zu Hause fragt die Mutter,
na, was habt ihr denn erlebt?
Wenn man hört sie dann erzählen,
jeden andres hat bewegt.

Tag des Wartens

Kleine Hoffnung hüpft am Morgen,
lang gewartet auf den Tag,
aus dem Bett, ganz ohne Sorgen,
was er ihr wohl bringen mag?

Und mit Spielen wird vertrieben,
Zeit, die langsam nur vergeht,
wo ist Vater abgeblieben,
Mutter in der Küche steht.

Düfte, wohlig, schon bei Tische,
dringen durch verschloss'ne Tür,
stilles Glöckchen in der Nische,
zeigt, es war wohl noch nicht hier.

Nachmittag läuft in den Abend,
Eiferröte im Gesicht,
Kinderaugen blicken fragend,
Mama sagt, ich weiß es nicht.

Letzter Blick in eine Flocke,
seufzend Kinn liegt in der Hand,
plötzlich läutet eine Glocke,
Ruf aus einem andern Land.

Und die Sternenaugen sehen
endlich, was zuvor ein Traum,
Lichter, die zu Herzen gehen,
wunderbarer Weihnachtsbaum.

Unverhofft

Ranzen auf und Stöckchen raus,
schönstes Spiel, wenn Schule aus,
um zu klappern an den Gittern,
der ihn kennt, kann ihn schon wittern.

Aggressiver Hundedrang
macht ihn vor dem Zaun nicht bang,
lange schon den Spaß er macht sich,
bringt das Tier auf hundertachtzig.

Weiß nicht, dass in letzter Nacht
Latten aus dem Zaun gekracht,
wieder klappernd wird er gehen,
kann das Loch im Zaun nicht sehen.

Romantisches

Du bist schön

Hast die Eltern früh verloren,
hat geprägt dein junges Lachen,
hast gelernt, dich selbst zu lehren,
was sonst Eltern oftmals machen.

Hast gestanden vor dem Spiegel,
um dein wahres Ich zu seh'n,
und die Frage, die dich umtrieb,
bin ich eigentlich noch schön?

Hast dein Kind allein bekommen,
als der Vater ist verschwunden,
und die Liebe, die du hattest,
ließ zurück nur schroffe Wunden.

Wieder standst du vor dem Spiegel,
um dein wahres Ich zu seh'n,
mit der Frage, die dich umtrieb,
bin ich eigentlich noch schön?

Großgezogen, ausgezogen,
nur dein Bestes stets gegeben,
nachts im Schichtdienst, tags als Mutter,
Jahre fraßen auf dein Leben.

...

...

Fragtest immer noch den Spiegel,
um dein wahres Ich zu seh'n,
hasst die Frage, die so quälend,
bin ich eigentlich noch schön?

Gestern lernte ich dich kennen,
harte Schale durch die Zeit,
weicher Kern erzählt' Geschichten
vom Verlassensein und Streit.

Und du sahst nicht in den Spiegel,
mein Gesicht hast du geseh'n,
hab mir deins genau betrachtet,
du bist wirklich wunderschön!

Berührung

Kleine Hand mit schlanken Fingern,
große Hand am starken Arm,
liegen fragend gegenüber,
Blicke schau'n vorbei am Charme.

Senken langsam ihre Häupter,
sinnen still ins Nichts hinein,
leises Zucken eines Fingers
kann der Liebe Anfang sein.

Mut gefasst zur Punktberührung,
weicht die andre Hand zurück,
nicht zu fliehen, nur zu warten,
Überwindung führt zum Glück.

Zweiter Anlauf wird gelingen,
Sehnsucht fließt von Haut zu Haut,
Augen treffen sich im Schwarzen,
froh, dass man sich hat getraut.

Kein Lippenbekenntnis

Deine kleine Nasenspitze
Sonnenstrahlen kitzeln,
Wimpern überspielen Schlitze,
Augen blinzelnd witzeln.

Lippen, lieblich, leicht geschwungen,
Sommersprossenwangen,
Haare nicht zum Zopf gezwungen,
Windspiel unbefangen.

Doch dahinter im Geheimen,
Rätseln hat begonnen,
Gram und Argwohn langsam keimen
oder Liebeswonnen?

Suchend nach Gedankengängen,
welche dich bewegen,
spitzt sich aus der Lippen Längen
Kussmund mir entgegen.

Liebe als Gefühl

Bist gelähmt, läufst mir entgegen,
du bist blind und kannst mich seh'n,
deine Taubheit lässt dich hören,
was Gefühle nur versteh'n.

Haut an Haut wird ein Erlebnis,
leises Streicheln wird ein Bad,
mit Essenzen eines Wassers,
welches Zauberkräfte hat.

Liebe braucht nicht die Bewegung,
noch die Optik der Gestalt,
und Bezeugtes, das wir sagen,
bleibt an Oberflächen kalt.

Erst die Wärme einer Aura,
die durch Nähe uns umgibt,
bildet Bilder, die uns zeigen,
was sich wirklich in uns liebt.

Wenn ...

Wenn ich weine,
trocknet dein Lächeln
meine Tränen.

Wenn meine Gedanken frieren,
lädt dein Gemüt
sie zum Aufwärmen ein.

Wenn die Verzweiflung
meinen Mut versinken lässt,
sind deine Worte
ein Rettungsanker
für meine Hoffnung.

Wenn meine Seele erkrankt,
ist deine Nähe
ein heilendes Wunder.

Wenn ich nicht mehr kann,
machst du einfach weiter.

Wenn du mich fragst,
ob ich dich liebe,
lies diese Zeilen.

L – I – E – B – E

Lauter zarte Blicke
lassen Schmetterlinge fliegen.

Innige Berührung
kann die Sehnsüchte besiegen.

Ehrlichkeit der Worte
wird verhindern ein Bekriegen.

Beiderseits vertrauend
werden Hürden überstiegen.

Einer für den Andern
lässt die Einsamkeit links liegen.

Pflege der Liebe

Meine Seele
nimmt ein Bad in deinem Blick.

Mein Empfinden liegt geborgen
unter der Decke deiner Worte.

Mein Innerstes wird balsamiert
durch Berührung deiner Haut.

Meine Liebe
fühlt sich frisch durch die Pflege der deinen.

* * *

Bindende Freiheit

Hast mich in den Bann gezogen,
ohne Fesseln ohne Zwang,
doch zu freiem Sein bewogen,
dass mein Leben lieben kann.

Denn die Freiheit meines Lebens
hast du mir nun anvertraut,
ist nicht Freiheit eines Strebens,
welches mir das Glück verbaut.

Lässt mich suchen meine Ziele,
wahre Liebe schenkt die Kraft,
mit Vertrauen ich nicht spiele,
bindend das, was Freiheit schafft.

Einbildende Macht

Zarte Silhouette,
die der Nebel zeichnet weich,
winken deiner Arme,
wie aus einem ander'n Reich.

Bilder deines Wesens
dringen vor zur Phantasie,
Atem meiner Trauer,
kondensiert, erreicht dich nie.

Leiser Ruf des Namens,
auf den die Gestalt gehört,
fließt sich aus in Schwaden,
haben Einsichten betört.

Schwinden dieser Nebel
klärt die einbildende Macht,
Erdwall überdachend,
junge Birke hält die Wacht.

Aufbruch

Wenn dein Haar die Stirn verlässt,
Wind zeigt mir dein Angesicht,
Atemzug befreit ein Lächeln,
grüßt das warme Sonnenlicht.

Wendest dein Gesicht zu mir,
strahlend noch von dem Moment,
und dein Blick schenkt mir den Glauben,
dass dein Herz das meine kennt.

Zeigst zum fernen Horizont,
nimmst mich zärtlich bei der Hand,
dorthin wandern wir vertrauend,
unsrer Zukunft zugewandt.

Geschichten

Der Bücherwurm

Erst ganz langsam, Blatt für Blatt,
noch es viele Seiten hat,
rechts ganz dick und links sehr dünn,
ändert sich, wenn Zeit rennt hin.

Und die Augen grasen ab,
was sich schwarz auf weiß begab,
Wort für Wort und Satz für Satz,
Lesedurst wird eine Hatz.

Gierig geht die Jagd voran,
aufhören er nicht mehr kann,
was gefressen ist zum Schluss,
auch verdaut noch werden muss.

Wenn bekommt, was er verspeist,
er sich um das nächste reißt,
war's ein Segen und kein Fluch,
dann war es ein gutes Buch.

Dünnes Eis

Auf der Mitte eines Wassers
liegt ein sehr begehrter Schatz,
kalte Fläche macht ihn mutig,
ist doch nur ein kleiner Satz.

Sind verboten diese Früchte
und der Weg dorthin nicht lang,
wird verdickt die dünne Decke
eifernd im Gedankengang.

Erster Schritt bestärkt sein Streben,
trägt das Handeln weit hinaus,
seiner Spur folgt eine Linie,
schießt bald seinem Weg voraus.

Zweifel kommen, wird es halten,
bis zum Ende dieser Tat,
oder stürzt in kaltes Wasser,
was ihn heiß bewogen hat.

Mancher fühlt das hohle Gluckern
unter seinem kühlen Plan,
die Begierde wuchert nicht mehr,
ob er noch entkommen kann?

Andere sind so besessen,
sehen Äste nicht am Grund,
noch bevor die Gier befriedigt,
schluckt sie schon der Seenschlund.

Entschuldigung

Erzogen wurdest du sehr gut
seid frühen Kindertagen,
ein Wort nimmt heut' dir jeden Mut,
dich selbstbewusst zu tragen.

Entschuldigung, dass den Kakao
ich umschmiss am Geburtstag,
zur Frage ich mich nicht getrau',
ob Mama mich trotzdem mag.

Entschuldigung im Zugabteil,
Sie haben nichts dagegen,
wenn ich hier sitze eine Weil',
er wird doch Groll nicht hegen.

Entschuldigung im Lohnbüro,
kein Geld gab's diesen Monat,
wenn Sie mal schauen, wär' ich froh,
obwohl es auch noch Zeit hat.

Entschuldigung, mein lieber Mann,
ich brauch mal eine Pause,
und weiß, es wär' das Kochen dran,
bleib bitte doch zu Hause.

Entschuldigung, dass ich gebor'n,
möcht' euch zur Last nicht fallen,
und hoffe ich bleib ungeschor'n,
will's machen Recht doch allen.

Die Tugend, die man lehrte dich,
hast du wohl falsch verstanden,
die Achtung vor dem eig'nen Ich,
sie kam dir so abhanden.

Gemeinsamer Weg

Lebensweg auf weichem Teppich,
lässt beschwingt vier Beine geh'n,
Hände haltend ohne Zugkraftkraft,
rosig wir die Zukunft seh'n.

Weiches Flies wird bald zu Steinen,
wohlgeformter Weg gebahnt,
strammer Schritt führt uns ins Leben,
Finger Hand in Hand verzahnt.

Wie die Landschaft, so das Schicksal,
flacher Weg wird felsig steil,
zum Balanceakt wird das Wandern,
starker Griff hält wie ein Seil.

Letzte Strecke, schwere Prüfung,
bald geschafft, klingt wie ein Hohn,
Wissen Darum ist nicht Fühlen,
Hände fast zu reißen droh'n.

Nur ein Blick in deine Augen
legt in meine Arme Kraft,
seh', warum ich mit dir laufe,
bis der letzte Fels geschafft.

Hindernislauf

Blick voraus zum Kampf bereit,
strammer Schritt durch Straßenschlucht,
wird, auch wenn der Weg nicht weit,
zum Problem, was man nicht sucht.

Erste Kinderwagenfront,
schrill Geschrei dröhnt in mein Ohr,
kann umschiffen ich gekonnt,
presche so ein Stückchen vor.

Mütter hinter mir entsetzt,
vor mir Hundeleinenstopp,
Frauchen links, rechts Dackel wetzt,
bringt mich schnell aus dem Galopp.

Rettungssprung, der Dackel bellt,
Menschenpulk taucht vor mir auf,
tratschend über Gott und Welt,
hindert wieder meinen Lauf.

Endlich Endspurt ohne Not,
sehe schon das Ziel vor mir,
eine Ampel, die hat Rot,
viel zu lange wart ich hier.

Eh' es grün wird, schieß ich los,
gönne mir jetzt etwas Ruh',
ein paar Schritte sind es bloß,
heute hat der Laden zu.

Viren

Eindringlinge im System,
wo die Flut des Lebens fließt,
Kriegskommando einer Macht,
das sich in das Blut ergießt.

Schnell vermehrt sich diese Brut,
ungesehen, über Nacht,
greifen sie von innen an,
holen aus zur großen Schlacht.

Töten langsam eine Welt,
der das Leben innewohnt,
hat's gelernt zu kämpfen nicht,
bleibt's vom Tode kaum verschont.

Sind Geschwader aber stark,
überfallen sie im Schlaf
wallend fremdes Ungetier,
die der Hitzetod nun traf.

Wer zerschlägt die Invasion,
trägt die Zelltrophäe heim;
ist in Zukunft auf Hab Acht,
darf der Störenfried nicht rein.

Langsame Lügen

Lachst so freundlich mir entgegen,
nicht verlieren will ich dies,
denn ich weiß, dass dieses Lachen
ja schon einmal mich verließ.

Und ich will dir sehr gefallen,
mit Geschichten meiner Welt,
denn die Sucht nach deiner Liebe
ist's, was mich am Leben hält.

Leicht geglaubte Liebeslieder
führen dich in einen Traum,
zu genügen diesem Anspruch,
will mir nun gelingen kaum.

Sind gebaut auf Sand Gebäude,
ungereimt ein Stockwerk noch,
Balken biegen, Mauern brechen,
Sonne wird zum schwarzen Loch.

Hoch gestapelt, tief gefallen,
sitz' alleine im Café,
netter Blick grüßt von der Seite,
und Geschichten ich schon seh'.

Einhörner

Siehst sie auf der Lichtung stehen,
reinen Herzens die Natur,
und das Böse jagt sie ewig,
selten ist die Kreatur.

Edle Tropfen ihrer Augen,
die hernieder geh'n auf Stein,
waschen hart erstarrte Seelen
von Versteinerungen rein.

Eine Landschaft, die verrottet,
kann mit Hoffnung neu erblüh'n,
wenn mit Sanftmut die Gehörnten
scheu dort ihrer Wege zieh'n.

Die Versuchung, sie zu streicheln,
komme niemals in den Sinn,
wenn die Sterblichkeit berührt sie,
ist die Zauberkraft dahin.

Also hüte dein Geheimnis,
wenn du sie einmal geseh'n,
lass sie leben ihre Reinheit,
und die Hoffnung bleibt besteh'n.

Ruf der Pflicht

Trauersalzig ziehen Bahnen
ihren Weg hinab zum Mund,
schamverzweifelt pressen Lippen
kussverletzte Farbe wund.

Arme helfen in die Ärmel,
Hand vertrautes Haar entfernt,
Sorgenblick auf Schulterzeichen
zeigen, was er hat gelernt.

Ruf der Pflicht schallt von der Straße,
einmal noch Geruch der Haut,
einsam winkend auf den Stiegen,
Angst aus kleinem Fenster schaut.

Kerzenlichter und Gedanken
scheinen in den Garten raus,
Horizont schon bald in Flammen,
wird er kommen je nach Haus?

Supermarkt

Grauen naht am Wochenende,
knobeln, wer es diesmal macht,
nimm die Beine in die Hände,
Supermarkt schließt heut um acht.

Abgehetzt und Schirm vergessen,
Einkaufsliste liegt zu Haus',
und so denke ich satt dessen
das, was fehlt, mir selber aus.

Voll ist's, und kein Einkaufswagen
ist mehr frei, wie jedes Mal,
muss ich all die Sachen tragen,
bis zur Kasse, eine Qual:

Ich kaufe dies, und auch noch das,
der Korb verbiegt sich und wird schwer,
ein Kind spritzt mich mit Yoghurt nass,
zur Reinigung schaff ich's nicht mehr.

Geübtes Schlängeln wie ein Aal,
des andern Husten im Gesicht,
gekreuzte Arme im Regal,
he, das ist meins, so geht das nicht.

...

…

Dann ist's geschafft, die Kasse naht,
das Warten nehme ich so hin,
mein Portemonnaie hab ich parat,
ein Glück, dass ich der Nächste bin.

Die Summe klatscht mir ins Gesicht,
ich schaue mir die Scheine an,
verrechnet hab ich mich doch nicht,
ob ich mit Karte zahlen kann?

Geschleppte Plastiktüten droh'n
zu reißen, doch ich schaff' es noch,
zu Hause wartet jemand schon,
nun komm' die andern warten doch.

Schnell ausgepackt, was schwer erkämpft,
wo ist denn das Gemüse bloß,
gekaufter Unsinn Stimmung dämpft,
oh Schatz, du musst noch einmal los!

Still am See

Still am See wohnt ganz allein
dieses alte Mütterlein,
lebt von Kräutern und von Brot,
ist zwar einsam, doch nicht tot.

Einmal in der Woche nur
macht's zur Stadt hin eine Tour,
um zu schauen, was es gibt,
nicht gehasst und nicht geliebt.

Kommt vorbei bei jedem Mal
an der Schule Hauptportal,
wo allein ein Mädchen steht,
beiden nun das Herz aufgeht.

Und so geht es jahrelang,
bis sie einmal nicht mehr kann,
wird begraben dort am See,
wo im Winter fällt viel Schnee.

Jeden Tag die sanfte Spur
einzig ist auf weiter Flur,
da, wo schlicht ein Grab gemacht,
eine kleine Blume wacht.

Theater

Aus dem dunklen Schattenreiche
sehen wir die Welt dort droben,
aus Geschichten und Ideen
Liebe spielt, und Dramen toben.

Schicken Schicksale zu Tränen,
wenn sie leben fremde Leben,
sterben Nacht für Nacht die Tode,
werden Glücksmomente geben.

Helden, Mörder, Casanovas,
arme Sünder, starke Frauen,
bunte Vielfalt ihres Treibens
lässt die Wirklichkeit ergrauen.

Geisterhaft die zweiten Seelen
derer, die die Rollen spielen,
nehmen ein der Wirte Körper,
in der Vorstellung von Vielen.

Wenn der Vorhang ist gefallen,
noch geprägt von Illusionen,
der Applaus gilt ihnen allen,
denen andre innewohnen.

Achterbahn

Angespannte Eingeklemmtheit,
überredet Widerstand,
ungeahnter Mut entsetzt,
fremdbestimmt und überrannt.

Punkt der Umkehr überschritten,
Schrecksekunde voller Not,
schlaggewaltig Venensaft,
Überleben oder Tod.

Geldverschwendet, ungenossen,
spät gereut Couragentritt,
steil verdreht und über Kopf,
Ärger über mich fährt mit.

Endlos scheinen Hirntorturen,
ausgekostet bis zum Schluss,
schweißgebadet und erschöpft,
Eigenheit noch lernen muss.

Zahnarzt

Kleinlaut gleichgesinnte Runde,
alle sitzen an der Wand,
leises Blättern in der Zeitschrift,
Wange hält so manche Hand.

Totenstille lebt im Warten,
keiner schaut den ander’n an,
wie ein Donnerschlag die Nachricht,
wer ist nun als nächster dran.

Schwere Schritte zu dem Stuhle,
wo ich ausgeliefert bin,
und die Schmerzen die ich hatte,
scheinen plötzlich fortzuzieh’n.

Bin geheilt, sag ich dem Doktor,
der mich lächelt an sehr mild,
doch er drückt mich sanft hernieder,
das wird alles halb so wild.

Er hat viele Instrumente,
und dem schlimmsten an der Schnur
komme ich nicht gern entgegen,
rutsche weiter runter nur.

Hand zur Faust und Rücken klebend,
stets erwartend Teufelsschmerz,
meine Beine sich verknoten,
Schwestern machen einen Scherz.

Unerwartet aus den Leiden
schwenkt der Lampenarm davon,
Masken werden zu Gesichtern,
sagen mir, das war’s auch schon.

Dunstgenuss

Exklusiv, mit sehr viel Sorgfalt,
wird geerntet und gerollt,
der Genuss ist eine Wonne,
die am Schluss der Teufel holt.

Tiefer Zug löst edle Schwaden
aus der Pflanze, die verbrennt,
und sie füllen aus die Höhle,
die Geschmack ihr Eigen nennt.

Noch frohlockt des Kenners Seele,
schon beim Anblick warm ums Herz,
kalter Atem lässt erahnen,
grausam wird der Todesschmerz.

Lyrische Fragezeichen

Reflexionen im Spiegel der Zeit

Gedichte

von Lorenz Filius

Oslo, im Januar 2009

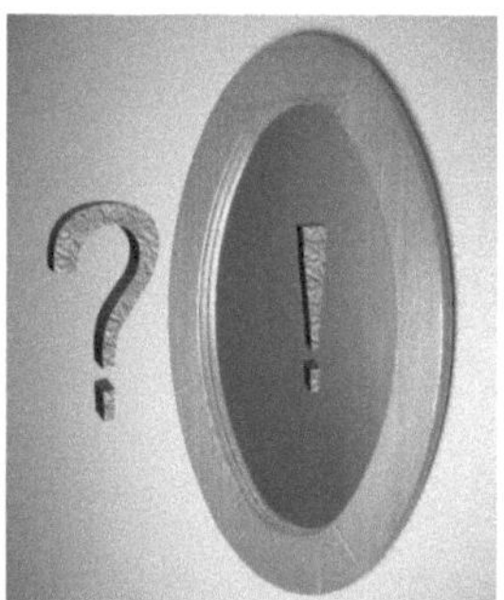

Servierst du das Menü deines Könnens
auf dem Tablett der Menschenbildung,
wirst du zum Gourmet deiner Kunst.

Lorenz Filius

Inhaltsverzeichnis

Reflexionen – 7

Geschichten – 35

Fragwürdiges – 49

Momente – 75

Reflexionen

Ins Vertrauen entlassen

Ich muss loslassen,
um Vertrauen zu fassen,
von vielen liebgewordenen Dingen,
von denen ich glaubte, sie würden Glück mir bringen.

Ich kann mich verstehen,
mich ständig im Kreise drehen,
und das Verständnis der eigenen Lüge
verschweigt mir, dass ich mich selbst nur betrüge.

Ich lebe mit dir,
doch du liebst mit mir,
wie kannst du mir etwas schenken,
was ich mir selber zukommen lasse, durch mein Denken?

Ich möchte begreifen,
was wird bald in mir reifen,
du reichst mir deine starke Hand,
und trittst weit hinein in mein ureigenes Land.

Entlarvt falsche Schätze,
beendet die innere Hetze,
ich entlasse mich in mein Vertrauen,
um mit dir auf den wahren Wert des Lebens zu bauen.

Stern der Liebe

Schwarze Löcher schlucken Lichter,
Sterne strahlen Dunkelheit,
und die Wärme ihrer Liebe
kühlt sich ab in Einsamkeit.

Schicksalhaft zerfällt der Kosmos,
der so lang geordnet schien,
Harmonie der Glücksgestirne
gibt sich Tränenchaos hin.

Doch bevor die heißen Ströme
kalt erlöschen alles Licht,
eine Kraft so wie ein Urknall
durch den Bann der Trauer bricht.

Neue Sonnen spenden Leben,
lassen alte wieder blüh'n,
und zusammen werden diese
um den Stern der Liebe zieh'n.

Hoch und tief

Glück und Fröhlichkeit gehören
wie die Traurigkeit zum Leben,
von Natur aus sind uns beide,
und nicht eines nur gegeben.

Denn Facetten der Gefühle
können wir nur dann empfinden,
wenn wir ehrlich zu uns selbst sind,
alles kommt und wird verschwinden.

Permanent im Frohsinn wiegen
oder in der Trauer wühlen
kann uns unsensibel machen,
zu empfinden, was wir fühlen.

Und so freu' ich mich aufs Lachen,
wenn getrocknet sind die Tränen,
doppelt wird es Spaß mir machen,
wenn ich Trauer lernte kennen.

* * *

Ende einer Lust (Senryu)

Ende einer Lust,
Zeilen werden nicht gedacht,
Feder trocknet ein.

Eintagsfliegen

Schnell und unerwartet flattern
Eintagsfliegen durch die Welt,
was der einen kurzes Leben,
ist der andern kurzes Geld.

Jene, die wir gar nicht lieben,
übersehen wir alsbald,
denn im Laufe eines Tages
werden diese nicht sehr alt.

Doch die anderen wir mögen,
wissen selber nicht warum,
sie verändern unser Leben,
das, was erst're meist nicht tun.

Niemals scheint ihr Stern zu sinken,
leuchtend einen bunten Pfad,
der so manchen klaren Denker
auch schon irr geleitet hat.

Wohl sei dem, der früh erkannte,
dass die Welt sich weiterdreht,
und der Ruhm von eitlen Fliegen
heute kommt und morgen geht.

Energien

Was passiert mit Energien,
die milliardenfach entstehen,
in den Köpfen, ungesehen,
wenn die Menschen wieder gehen?

Werden sie von dannen fließen,
wenn die Toten sie verließen,
und sich in das Nichts ergießen,
wenn am Grab die Blumen sprießen?

Oder werden sie nur fliegen,
dorthin, wo die Sterne liegen,
im Bewusstsein sich dann wiegen,
dass die Menschen Kinder kriegen?

Wird das alles nicht gescheh'n sein,
wenn der Kosmos fegt das All rein,
oder hat dies nur den Anschein,
und in Allem liegt Bewusstsein?

Glühbirnen

Eine Seele hinter Glas
darf nicht atmen unsre Luft,
und das Licht, das in ihr lebt,
nur nach Elektronen ruft.

Strahlt hinaus mit warmer Kraft,
viele Stunden Tag für Tag,
stirbt an dem, was sie verspeist,
Tod meist plötzlich kommen mag.

Treu und hell in jeder Nacht,
konkurrenzlos jahrelang,
doch der Gier nach Lebenssaft
Ruf der Sparsamkeit entsprang.

Alte Birne gibt's nicht mehr,
seelenlos das neue Licht,
lebt sehr lang, ist kalt und hell,
doch gemütlich ist es nicht.

Offene Bücher

Bahngesichter in den Scheiben,
wie am Fließband aus der Nacht,
sehe ich, wenn Fensterreihen
in der Röhre halt gemacht.

Schauen lustlos oder freundlich,
resignierend oder kühl,
aufgeschlagen wie die Bücher,
die doch niemand lesen will.

Letzte Zeilen von Geschichten
gibt die Schiebetür nun frei,
leere Blätter suchen Texte,
die der Tag verfasst aufs Neu.

Spät am Abend hinter Fenstern,
in Gesichtern ist zu seh'n,
was das Schicksal reingeschrieben,
ist an diesem Tag gescheh'n.

Wahrheiten

Der letzte Strahl deines Lächelns
verliert sich in meinem Gesicht,
wenn durch Schatten der Wahrheit
die Sonne deiner Augen erlischt.

Das weiche Flies deines Fühlens
in meiner bewegten Welt
wird zum bizarren Reißen,
welches unsere Herzen quält.

Die Gerechtigkeit deiner Worte,
die meine Fehlbarkeit genießt,
stirbt im Unrecht des Zorns,
der mit Stacheln die Reue durchspießt.

Zu überbringen solche Wahrheit,
bleibe uns beiden stets erspart,
auch wenn die Zeit heilt alle Wunden,
ein Teil der Seele bleibt erstarrt.

Herzensgüte oder Arg

Wenn das Licht im Geist erwacht,
wartend, noch nicht nachgedacht,
wird der Sanftmut es berühr'n,
oder wird es Härte spür'n?

Leuchtet still und sieht nur zu,
kommt im Schlaf selbst nicht zur Ruh',
langsam tanzt der junge Strahl,
reflektiert mit einem Mal.

Gegenstand und Schattenspiel
zeigen ihm, was es bald will,
Herzensgüte oder Arg
werden dann im Menschen stark.

* * *

Menschenbildung

Mit Belesenheit und Wissen
kannst du sehr gebildet sein,
wird man Menschlichkeit vermissen,
bildest du dir etwas ein.

Was du kannst, das kannst du zeigen,
deine Umwelt wird es seh'n,
doch ihr Herz sie nur verneigen,
wenn du dieses willst versteh'n.

Der Verstand reicht nicht alleine,
zu gewinnen ihre Gunst,
schwer zu lernen ist das Eine:
Menschenbildung heißt die Kunst.

Große Schwester – Kleiner Bruder

Zwei sind's, die das Spiel der Erde
wie Geschwister überwachen,
hell in blau und schwarz gebettet,
Kinder malen sie mit Lachen.

Große Schwester schenkt Erleuchtung,
auch der Bruder zehrt davon,
lässt sich neben ihr nicht sehen,
wacht er auf, dann schläft sie schon.

Kleiner Bruder gibt nachts weiter,
was die Schwester tags beschert,
schenkt ein wenig von der Hoffnung,
dass sie morgens wiederkehrt.

Grosse Schwester, kleiner Bruder,
ziehen stetig ihre Bahn,
und solang wir beide sehen,
alles gut noch werden kann.

Tiefe Wunden

Tief in dir, dort liegt verborgen
eine Wahrheit, die dich quält,
ist nicht wie die andern Sorgen,
die man sich schon mal erzählt.

Willst du über Dinge sprechen,
die dir damals sind gescheh'n,
wird die lange Zeit sich rächen,
längst vergraben, nicht zu seh'n.

Doch geheilt ist nicht die Wunde,
nur verkrustet und verdreckt,
Schmerzen bringen wird die Stunde,
die das Alte neu entdeckt.

Was verbindet, kann verbinden
- wenn das Wort gereinigt hat -
was Vertrauen nur kann finden;
streicht die Wunde wieder glatt.

Lichtjahrsorgen

Schaue in die fernen Weiten,
die schon immer uns begleiten,
Fragepunkte, längst vergangen,
was wir seh'n, vorbei seit langem.

Kosmisch wir im Heute leben,
hassen das, was uns gegeben,
Hybris kann es kaum verwinden,
letzte Wahrheit nie zu finden.

Welt von morgen möcht ich sehen
und nicht in die Weite gehen,
die ins Gestern führen würden,
abgelenkt von meiner Bürde.

Also frag ich nach dem Morgen,
nicht mit Blick auf Lichtjahrsorgen,
diese sind schon längst verschwunden,
hab ich meine erst gefunden.

Heimatlos

Kreuz und quer durchs Land getrieben,
suche die Vergangenheit,
die nur bruchstückhaft geblieben,
seit ich mich von ihr befreit.

Aus den Spuren meiner Wege,
die ich zog nun jahrelang,
ich mir einen Schriftzug lege,
ob ich ihn wohl lesen kann?

Schreibt Geschichten, die geschehen,
im Vergleich zum ‚Was geschah',
zwischen Zeilen kann ich sehen,
was mir einmal wichtig war.

Dieses jedoch scheint verwoben
mit der Krankheit jener Zeit,
mir es nun gesund zu loben,
dafür bin ich nicht bereit.

Also schreib' ich schreitend weiter,
flieh' mit Nöten vor der Not,
Wind und Wetter mein Begleiter,
setz' mich hin und frag nach Brot.

Kalte Füße

Heißer Sporn noch jung an Jahren,
sieht vor Eifer nicht Gefahren,
die man schon umschiffen muss,
um zu schmecken Glückes Kuss.

Oftmals rennt ein solcher Sprinter
viel zu schnell und kommt dahinter,
dass er ganz und gar vergaß,
vor dem Lauf zu nehmen Maß.

Wirklichkeit bringt nun ins Schwanken
wohlgeformte Wunschgedanken;
was so heiß im Kopf begann,
halten kalte Füße an.

* * *

Verwelkt (Senryu)

Alleine erwacht,
Rosenblätter fallen sanft,
welken wie die Nacht.

Heiligabend
(hoffnungsvoll)

Sehe Regen auf der Straße,
die mir schwarz entgegenkommt,
frage mich, was in der Gasse
hinter Kerzenfenstern wohnt.

Hoffe, dass dort kleine Herzen
friedlich in den Abend schau'n,
und dass keine Seelenschmerzen
lügen unterm Weihnachtsbaum.

Wünsche mir, dass stilles Hoffen
derer in Erfüllung geht,
denen, wenn sie hart getroffen,
niemand sonst zur Seite steht.

Glaube an die kleinen Lichter,
die da heißen ‚Menschlichkeit',
leuchten Menschen in Gesichter,
Kinderblick wird so befreit.

Profilierung

Darf nicht können wie ich will,
schreite nicht durchs grosse Tor,
male mir ein Bild vom Ziel,
mache dir und mir was vor.

Zeige allen, was ich kann,
bin der Star im kleinen Kreis,
weis' den Weg den andern dann,
wo er hinführt, ich nicht weiß.

Ja, was bin ich ohne die,
die mir glauben, was ich sag,
lehre meisterhaft wie nie,
leg Allüren an den Tag.

Doch bin ich des Nachts allein,
freu' ich mich am schmalen Brot,
nur ein armes kleines Schwein
lügt sich reich aus seiner Not.

Feigheit

Trage tief in mir Gedanken
eines Tuns, das ich nicht kann,
zu durchbrechen alle Schranken,
ich werd's machen, irgendwann.

Nur nicht heute, lieber morgen,
doch die Zeit, sie läuft davon,
unerträglich sind die Sorgen,
weil die Liebe ist gefloh'n.

Rücksichtnahmen Kräfte saugen,
doch von Nöten sind sie nicht,
zwingen mich, am Tag zu glauben,
was die Seele nachts erbricht.

Wenn ich leben will ein Leben,
wie mein Leben leben will,
muss ich einen Ruck mir geben,
dann erst ist die Sehnsucht still.

Suchen, Glauben, Wahrheit

Weil im Leben wir nicht wissen,
welchen Sinn ihm ward gegeben,
suchen wir mit Theorien,
nach den Wahrheiten zu streben.

Oft verkehrt zum eignen Vorteil,
wird aus Halbwissen verbreitet,
was die Wissensuntertanen
bald zur Dienerschaft verleitet.

Und moderne Scharlatane
sind die schleichenden Gelehrten,
die versuchen zu zerstören,
was die anderen verehrten.

Also horcht in eure Herzen,
glaubt an das, was liebgewonnen,
wenn die Wahrheit euch erwartet,
hat sie erst für euch begonnen.

Bist du was

Weißt du was und merkst es nicht,
Trauermine im Gesicht,
glaubst du was und weißt es nicht,
führst du andre hinters Licht.

Bist du was und glaubst es nicht,
Scheffel stellst du übers Licht,
glaubst du was und bist es nicht,
bist du nur ein armer Wicht.

Bist du was und weißt du was,
Freundlichkeit bestimmt dein Maß,
machst du andre damit nass,
werden Sympathien blass.

* * *

Disziplin

Zügel sollen Wildes richten,
in Kanäle, die wir züchten,
Disziplin nicht gut genug,
aus Erziehung wird Vollzug.

Vorgezeigt mit Stolz und Lachen,
was er will, darf er nicht machen,
der Erfolg kommt nach der Pflicht,
Freude braucht es dafür nicht.

Überspannt nicht jenen Bogen,
der nur vortäuscht, was gelogen,
wer nicht weiß was Freiheit ist,
irgendwann Benimm vergisst.

Zu spät

Im fallenden Laub
erkenne ich
die welke Zeit.

Der Herbst
lässt ergrauen
die emotionale Blütenpracht,
die einst zart spross,
bald strahlte in schillernden Farben.

Doch ungepflegt
begann zu wuchern,
was einmal ein Frühling war.

Zu spät beschnitten
die Pflanzen der Liebe,
kein Vor und kein Zurück.

Gewöhnt hat sich
das Seelenauge
an das dürre Restgestrüpp.

Von innen und außen

Wärme, die von innen kommt,
wohlig Lebensgeist belohnt,
suche ich sie nur da draußen,
wird's in mir nicht warm, nur außen.

Handeln, wie's die Welt bestimmt,
hat Bedeutung, die zerrinnt,
nur wenn ich von innen lenke,
ich Zufriedenheit mir schenke.

Ziele, die das Leben sucht,
nie gefunden, oft verflucht,
werden jenseits bald verschwinden,
kann ich nur im Diesseits finden

Leben will ich nicht für mich,
doch von mir aus sicherlich,
nicht wonach sie außen streben.
wird Erfolg mir innen geben.

Kunst

Kunst, nicht immer zu verstehen,
fordert auf, die Welt zu sehen,
die empfunden wird von andern,
lädt uns ein, im Geist zu wandern.

Manches wird sich schnell erschließen,
anderes sich nie ergießen
in Betrachters Sinnstrukturen,
scheinbar sinnlos Künstlers Spuren.

Zwischen Raten und Verstehen
wird der Denker oftmals gehen,
einer sieht das Schwarz auf Weißem,
was soll ‚Weiß auf Schwarzem' heißen.

Wahre Kunst gibt uns zu denken,
will bewegen und nicht lenken,
Kunstbanausen doch hingegen
Wert nur auf Verdummung legen.

Reflexion

Fenster teilt die Welten
meiner stillen Reflexion,
Kerzenlichtgedanken
laufen Wirklichkeit davon.

Stille lässt mich suchen
nach der inneren Natur,
ferne Stadtgeräusche
zeigen Außenwelten nur.

Hin und her gesprungen,
draußen dort und innen hier,
finde Puzzleteile,
Bild des Lebens leg ich mir.

Randbausteine grenzen
meine Quintessenzen ein,
Leben vor dem Fenster
kann nur Rahmen gebend sein.

Hausmannskost als Ohrenschmaus

Hunger wartet in den Ohren
auf den Schmaus, nicht aus der Rille,
glatt in Silber eingefroren,
klinisch rein, serviert auf Stille.

An Genuss der neuen Töne,
die die Industrie beworben,
ich nur schwerlich mich gewöhne,
hab mir das Gehör verdorben.

Lang verschmäht in dunkler Ecke,
große Platten alter Zeiten,
hoffend, dass ich wieder schmecke
ein Menü, das sie bereiten.

Meine Ohren wollen schlemmen
Lautgerichte, knackig, herzhaft,
was ein Röhrenkoch kann stemmen,
Silikonkantine nie schafft.

Der Fremde

Habe Augen so wie ihr,
habe Ohren so wie ihr,
doch Verstand und Geiststrukturen
sind ein großes Rätsel mir.

Sehe Dinge, die ihr seht,
hör' Geräusche, die ihr hört,
doch die Sinne meines Daseins
werden nicht dadurch betört.

Bildbizarres mit System,
Lautgewirr mit Harmonie,
Kohlenstoffeinheiten denken,
nie verstehen werd' ich sie.

* * *

Was zuletzt stirbt

Wer in schwarze Himmel schaut,
sieht nur das verweste Leben,
letzter Halm ist schon ergraut,
kann ihm länger Halt nicht geben.

Wenn die Dunkelheit besteht,
wird auch dieser Anker brechen,
grün zu grau zu schwarz vergeht,
was zuletzt stirbt, hält Versprechen.

Doch ein Schimmer kann allein
in die Zukunft Lichter schicken,
Graues wird bald grün schon sein,
Halme werden nicht mehr knicken.

Geschichten

Denken macht einsam

Sieben Uhr, sie müsste kommen,
Bahn im Viertelstundentakt,
hat Verspätung, weil sehr Viele
wollen heimwärts, voll bepackt.

Zehn nach sieben, unruhig zappeln
Kinder an der Elternhand,
Blicke schau'n in eine Richtung,
wann kommt sie wohl angerannt?

Dreizehn nach, die Menge wartet,
Wartebank ist nicht mehr leer,
Regentropfen lassen fluchen,
manche drängeln wirklich sehr.

Vierzehn nach, und ihre Lichter
kündigen von Weitem an,
langsam rollen volle Fenster
an den engen Bahnsteig ran.

Fünfzehn nach, das große Drängeln
niemand schaut mehr auf die Uhr,
sehen nicht die nächste kommen,
kämpfen um den Sitzplatz nur.

Hart gepresst, entsetzt Gesichter,
schauen hinten aus der Bahn,
dort in leerem Zug darf einer
unbedrängt nach Hause fahr'n.

Das letzte Stück

Einsam auf der Platte wartet
ein Stück Kuchen, kleiner Rest,
der im Innern aller Gäste
diesen keine Ruhe lässt.

Um den Tisch, die Höflichkeiten
bieten gegenseitig an,
zu verzehren letzten Anstand,
hoffend, dass man's nehmen kann.

Nette Geste macht die Runde,
nur das Kind wird nicht gefragt,
denn von ihm erwartet jeder,
dass es seinen Wunsch vertagt.

Dann Entscheidung, wer soll's nehmen,
einer darf, die andern nicht,
Blick ins Leere, dann zum Kinde,
kaut mit Lachen im Gesicht.

Macht der Phantasie

Geh ich nördlich in die Wälder,
Stille rauscht ein Wipfellied,
leises Knacken der Gehölze,
nur mein Schritt, sonst nichts geschieht.

Pure Augenblicke sehen
starr bizarres Knorrgeäst,
Schatten, phantasieverbunden,
der den Troll dort leben lässt.

So geöffnet alle Sinne
für die Mythen alter Welt,
schreite ich ins grüne Dunkel,
das mein Geist am Leben hält.

Knollennasen, holzverwoben,
Gräser bilden langen Schopf,
farnenhafte Elfenflügel,
Felsen ist ein Götterkopf.

Spuken lautlos mit Getöse,
welches Furcht vom Wind erfährt,
Schritte wanken, Blicke zucken,
Angst hat mir den Krieg erklärt.

Doch das Licht am Waldes Ende,
schickt die Geister, die ich rief,
dorthin, wo ich sie geboren,
schlafen nun im Geiste tief.

Letzte Wanderschaft

Wanderschaft durch Eis beschwerlich,
melancholisch ist ihr Gang,
Vater, Mutter, Kind und Greisin,
wandern schon ein Leben lang.

Sind gewohnt die strengen Winter,
doch die Ahnung kriecht kalt mit,
dass in diesem Jahr vier Tatzen
laufen ihren letzten Schritt.

Langsam wird der Abstand größer,
schweres Schnaufen, kaum noch Kraft,
dort am Horizont, Verwehung,
ob sie es bis dahin schafft?

Müde liegt die weiße Greisin,
Blick zurück zollt ihr Respekt,
der Instinkt wird dann verlassen,
was der Schneefall leis' bedeckt.

Das Manuskript

Meine Hand, mit flinker Feder,
schrieb einmal Geschichten nieder,
einfallslos kam sie ins stocken,
nichts mehr war ihr zu entlocken.

Eingeschlafen, aufgerüttelt,
bester Freund hat mich geschüttelt,
lass Papier und Stift jetzt liegen,
draußen Länder sich bekriegen.

Hetze, Aufbruch, Abenteuer,
tief im Wald bei Lagerfeuer,
fremde Städte, Odysseen,
Leiden, Flucht, um Gnade flehen.

Heimwärts zieh'n nach langen Jahren,
durften wir, die müde waren,
bin erwacht am Tisch nach Zeiten,
Manuskript mit tausend Seiten.

Zuviel des Guten

Was Schlimmes ist gescheh'n
die Sommerwelt erschrickt,
es war ja abzuseh'n,
die Zeitbombe, sie tickt.

Der Untergang ist nah,
so deutlich wie noch nie,
nach allem, was geschah,
erst jetzt da schreien sie.

Zerfallen war das Geld,
wir pumpten es neu auf,
zerstörerisch die Welt,
ertrugen wir im Kauf.

Die Kinder ganz verhärmt,
sie liefen uns davon,
ein Suchtrupp ausgeschwärmt,
tot finden wir sie schon.

Nun wird uns Angst und Bang,
denn das ist jetzt zuviel,
'ne süße Maus verschlang
im Zoo ein Krokodil.

Ein unmöglicher Weihnachtswunsch

Stehen an in Reih und Glied,
gieren, was da vorn geschieht,
mit dem Zettel in der Hand,
voll mit Wünschen bis zum Rand.

Rücken Stück für Stück heran
an den weißbärtigen Mann,
der nicht mit Erstaunen schaut,
was man sich zu wünschen traut.

Carla ist die nächste nun.
Na, mein Kind, was kann ich tun?
Deinen Zettel gibst du mir,
dieser Wunsch ist aber schwer:

DVD und Stereo
machen heute Kinder froh,
Spielkonsole, Kampfgetier,
gibt's mit Garantie bei mir!
Was du möchtest, wird nicht geh'n,
Zeit ist knapp, du musst versteh'n.
'Mach den Arm doch wieder dran,
dass die Puppe winken kann'?

Traurig geht sie dann zurück,
läuft vorbei am Elternglück,
Kinder aus dem Kinderheim
können ungewöhnlich sein.

Das Rasthaus

Scheibenwischer kämpften tapfer
meinen Weg zum Berg hinauf,
vor mir Regen Sicht versperrte,
hinter mir stieg Nebel auf.

Holte ein mich allumhüllend,
Stille, Motorstopp und Halt,
neben mir mit bleichem Antlitz,
Stimme angstvoll, Atem kalt.

Hallo, Fremder, wohin fährst du?
Dort zum Rasthaus soll es geh'n.
Dieses wirst du niemals finden,
lässt du mich hier einfach steh'n.

Leicht verwirrt und doch voll Mitleid,
lud den jungen Mann ich ein,
Mörders Meute an dem Abend,
sollte nicht erfolgreich sein.

Wilde Fahrt, riskanter Berghang,
seltsam sicher lenkte mich
eine Kraft wie aus dem Nebel,
Ziel ließ bald schon blicken sich.

Schaute neben mich ins Leere,
Fahrgast längst verschwunden schon,
alter Mann am Rasthauseingang
winkte und rief '*Hier mein Sohn!*'.

Sei willkommen in dem Hause,
was vor Jahren ich erbaut,
wäre niemals hier entstanden,
hättest du mir nicht vertraut.

Der Untote

Scheut das Licht des Herrn am Tage,
Schwingen tragen in die Nacht,
ihn, der schläft mit Rattenplage,
wenn sein Feind die Runde macht.

Kennt den Tod nicht, nur das Leben,
welches aus der Wunde rinnt,
will sein Schicksal weitergeben,
wer ihn spürt, ist bald sein Kind.

Wie auch er sind seine Scharen,
schwarz beflügelt wie die Nacht,
die das Leben liebend waren,
hat zu Schatten er gemacht.

Jägers Jäger aufbegehren,
Christenzeichen in der Not,
Herzenspflock wird ihn verzehren,
Sonnenaufgang ist sein Tod.

Träume hinter dem Horizont
(nach dem gleichnamigen Buch)

Sandte dir gemalte Bilder,
warst mir völlig unbekannt,
habe dich nach jenem Menschen,
der mein Vater war, benannt.

Malte auf, wie ich sie sehe,
diese Welt am Fjord vor mir,
ahnte nicht, dass ich erweckte,
was schon lange schlief in dir.

Unerwartet, deine Liebe
zeigte mir, wo Sehnsucht wohnt,
und so konnte ich erleben
Träume hinterm Horizont.

Gelebte Liebe
(nach dem gleichnamigen Buch)

Bist neunundzwanzig Jahre alt,
die Kindheit ist verflogen,
Verstand und Herz im Widerstreit,
vom Ehemann betrogen.

Geflohen, um zu suchen nichts
als Ruhe nach den Zeiten,
gefühlt, was Logik noch verwehrt,
wird wieder Schmerz bereiten.

Die Kerbe, tief im Lebensholz,
durch schwere Seelenhiebe,
wenn Herzen lenken den Verstand,
spürst du Gelebte Liebe.

Durch die Nacht

Spuren laufen durch die Nacht,
vorne zwei und hinten viele,
nicht bewiesen der Verdacht,
Angst erzeugt durch Hassgefühle.

Fackeln scheinen in der Nacht
vorne eine hinten viele,
Flammen Heim zu Asche macht,
Licht sucht einsam neue Ziele.

Schreier rufen durch die Nacht
vorne einer hinten viele,
letzter Schrei hervorgebracht,
erst danach herrscht Totenstille.

Fragwürdiges

Edler Helfer

Der erste ist ein armer Mensch,
der zweite wird ihn treten,
mit Inbrunst und mit Aggression,
ein dritter wird's verbieten.

Das, was der zweite tat, war schlecht,
doch recht kommt es dem dritten,
den nur am Rande interessiert,
dass einer hat gelitten.

Er nutzt nun die Gelegenheit
als gönnerhafter Retter,
das Ich von Aggression befreit,
wird hässlicher und fetter.

Nicht wirklich edel das Motiv,
zu mildern jene Leiden,
das Geifern nach des Ersten Lob,
um sich daran zu weiden.

Die Weisen

Alte Eulen sagen weise
uns die Zukunft klar voraus,
hell gesehen in die Schwärze,
blüht uns Jubel oder Graus.

Fürchten nicht, was wir schon ahnen,
sondern wie man was erzählt,
Leben sieht die Ehrlichkeiten,
doch wird blind durch weiches Geld.

Dieses nämlich wird ernähren
jene, die uns weis' gemacht,
segeln fern vom Sturm des Zornes,
Sonne der Verdummung lacht.

Die die Köpfe uns verblenden,
haben Ruhe vor der Pflicht,
wenn nur so lang reicht der Kuchen,
bis ihr Lebenslicht erlischt.

Pack zerschlägt sich

Böse Worte aus der Wohnung
gegenüber, oft gehört,
und es dauert nur Minuten,
bis bei dir sie sich empört.

Tränen aus den braunen Augen
schütten sich an Schultern aus,
spendest Trost und guten Ratschlag,
froh kehrt sie zurück nach Haus.

Tage später Zornesfalte
im Gesicht, das Frauen schlägt,
es erklärt dir ziemlich deutlich,
wie man sie auf Händen trägt.

Zart verkrallt sind ihre Fäuste,
Tröster trifft Verachtung bloß,
Pack zerschlägt sich, Pack verträgt sich,
Augen blau, verständnislos.

Erben

Sie sitzen ruhig und angespannt,
Gesichter, die sich kaum gekannt,
ein Brief versammelt alle hier,
und jeder tut, als ob nichts wär'.

Man glaubt, dass alte Liebeswut
jetzt endlich ihr Gerechtes tut,
verehrt mit großen Tönen nun,
was man zu Haus vergaß, zu tun.

Doch Argwohn sticht mit jedem Blick
auf andre gleichen Bluts zurück,
dem Clan, durch fremdes Blut genährt,
man gern den Zutritt hätt' verwehrt.

Das Urteil fällt ein alter Mann,
dem dieses sehr egal sein kann,
und der Vollstrecker schaut ganz mild,
was wem wohl in die Hände fällt?

Mit jeder Zeile aus dem Text
ein weiteres Gesicht verhext,
von Stuhl zu Stuhl die Mienen lang,
der Letzte langsam hoffen kann.

Auch diese Hoffnung schnell verpufft,
Empörung durch die Reihen ruft,
wo Ehrung lange log im Mund,
da hetzt sich jetzt die Zunge wund.

Wissen ungleich Bildung

Wenn du weißt, was deine Sterne
alles im Privaten treiben,
und vergisst im Taumel gerne,
auch mal bei dir selbst zu bleiben;

wenn, zerstreut durch viele Sachen,
du verpasst, zu überdenken,
womit andre reich sich machen,
wird das Geld dir niemals schenken;

wenn du weißt, was du gelernt hast,
ohne schlau zu hinterfragen,
und dein Kopf ist voller Ballast,
sagst, was alle immer sagen,

dann verpasst du zu vermehren
eine Bildung für dein Leben;
die dich lehrten leere Lehren,
nach dem wahren Wissen streben.

Unabwägbarkeiten

Wer versessen ist, zu allen Zeiten,
abzuwägen Unabwägbarkeiten,
wird versagen sich entspanntes Leben,
durch den Stress, den er sich selbst gegeben.

Und Entscheidungen wird er vertagen,
bis die anderen entschieden haben,
er wird warten, ob sich Bessres findet,
bis das Beste vor ihm selbst verschwindet.

Doch das Schlimmste, was ihm kann geschehen,
wird vor Sicherheiten er nicht sehen,
dass auf jene, die auf alles achten,
oft zum Schluss die größten Pannen warten

* * *

Das Wort im Munde

Ein gesagtes Wort verlässt
klar und deutlich deinen Mund,
doch im Kampf durchs Satzgeäst
schlägt es sich Bedeutung wund.

Der es hört, vernimmt es gern,
denn die Wunde, die er sieht,
lässt verbluten Sinnes Kern,
singt daraus ein neues Lied.

Wind dir ins Gesicht nun weht
unfair ist des andern Tun,
der auf diese Weise dreht
dir das Wort im Mund herum.

Chimären

Uralt ist des Menschen Streben
auf der Suche nach dem Leben,
was sie zu Geschöpfen macht,
die nicht mehr von Gott erdacht.

Weil sie aber nun erkennen,
sinnlos ist's, davon zu rennen
vor der Schöpfung Mächtigkeit,
werden sie verstandbefreit.

Klonen und zerlegen Stränge,
merken nicht, dass Teufels Fänge
plündern diese Wissenschaft,
zu entwickeln ihre Kraft.

Und sie wird nicht davor schrecken,
um die Wahrheit zu entdecken,
das zu tun, was möglich ist,
doch das Menschliche vergisst.

Die Idee, die einst geboren,
geht im Wahn schon bald verloren,
lässt man sie zu lang gewähren,
werden blühen uns Chimären.

Grausamer Tausch

Heute ist der Tag gekommen,
Umzugskartons stapeln sich,
Sarah sitzt in ihrem Zimmer,
sagt zur Puppe ‚streichle mich'.

Denn danach verpacken Männer
mit dem Lächeln im Gesicht,
womit Sarah gestern spielte,
‚Drückt die Sachen bitte nicht'.

Eifrig hilft sie, zu verstauen,
will, dass alles heile bleibt,
niemand soll die Spiele klauen,
wenn sie sich die Zeit vertreibt.

Kahle Wände, letztes Spielzeug,
Kleintransporter ist fast voll,
Mutter streichelt eine Träne,
zählt das Geld, das füttern soll.

Kleptomanie

Nicht die Bosheit hat geboren
diesen innerlichen Drang,
Widerstand hat meist verloren,
wenn man alles haben kann.

Scheinbar ziellos schweifen Blicke,
immer mit dem Blick zurück,
hat entwickelt bald Geschicke,
die nicht bringen wirklich Glück.

Schlag des Herzens jagt das Suchen
nach Objekten keiner Wahl,
gibst du nach, so wirst du fluchen,
doch erst dann schlägt es normal.

Hundert mal den Kampf verloren,
hundert mal das gleiche Spiel,
Gegenspieler eingeschworen,
hunderteinmal war zuviel.

Der Denunziant

Sieht fast alles ungesehen,
doch nicht alles interessiert,
nur was nicht zu Recht geschehen,
hinter Fenstern wird notiert.

Aug' in Auge wird er meiden,
nie zur Rede stellen den,
den er wird mit Schmutz bekleiden,
will ihn vor dem Kadi seh'n.

Wird ein Schuldspruch nun gesprochen,
ruhmlos bleibt er unbekannt,
wurde nicht das Recht gebrochen,
schändlich ist der Denunziant.

* * *

Der Verräter

Angeworben, heiß gemacht,
wird geschickt als Freund zum Feinde,
sammelt Wissen über Nacht,
Tags, da liebt er die Gemeinde.

Friedlich isst er dort sein Brot,
wird bezahlt von alten Brüdern,
manchmal trifft ihn früh der Tod,
kalter Preis für heißes Ködern.

Fliegt er auf am Heimatort,
keiner kennt mehr diesen Täter;
wer verübt an diesem Mord,
liebt Verrat und hasst Verräter.

Der starke Schwache

Voller Mund mit großen Sprüchen,
aus der Menge, mit Elan,
geht es gegen jene Leute,
die man gar nicht leiden kann.

Findet in der Masse viele,
stoßen in das gleiche Horn,
bläst sich auf in Siegerpose,
Star der Menge ist gebor'n.

Doch wenn die, der andern Seite,
sehen seine schwache Kraft,
werde sie ihn gerne fragen,
ob er fortan für sie schafft.

Denn zu lenken einen Starken
macht so unbeschreiblich schwach,
besser sind die starken Schwachen,
geben leicht, wie Federn nach.

Wenn ich einen Vater hätte

Wenn ich einen Vater hätte,
wären meine Hände glatt,
ohne staubzerfress'ne Lunge
würden meine Schwestern satt.

Wenn ich einen Vater hätte,
würde ich zur Schule geh'n,
nicht das Gift des Berges essen,
könnte in die Zukunft seh'n.

Wenn ich einen Vater hätte,
leben würde ich sehr lang,
doch schon bald werd ich beenden
unseren Familienstrang.

Lebensschicksal ist mein Vater,
sandten Götter her zu mir,
sagen jene, die mich schicken
jeden Tag ins Bergrevier.

(Gewidmet den Kinderabeitern
in den bolivianischen Silberminen)

Unvermisst

Kalte Kinderfüße kauern
angewinkelt an der Wand,
Straßenfeger vor den Gleisen,
letzte Bahn ist fortgerannt.

Winterjäger trieb die Seele
tief hinab zum Röhrenschlund,
unvermisstes Leben oben,
Wind bläst unten Lippen wund.

Starrer Blick gefriert zum Boden,
Kaffeebecher fragt nach Brot,
morgens, wenn sein Ruf erhört wird,
sind die blauen Lippen tot.

* * *

Zuckerbrot und Peitsche

Kalt die Liebe jeden Tag,
wenn ich dir was geben mag,
heiß die Schläge vor der Nacht,
wenn du etwas falsch gemacht.

Lohn für Arbeit, die getan,
ungefühlt bezahl ich dann,
purer Zorn straft Kinderblick,
wenn du gibst mir nichts zurück.

Süß geschmeckt aus gleicher Hand,
die durch Züchtigung bekannt,
Zuckerbrot zu Ende bald,
wenn die Peitsche wieder knallt.

Menschenliebe

Einen Gast heut Nacht wir haben,
kommt direkt vom Altersheim,
denn an diesem schönen Abend
soll kein Mensch alleine sein.

Artig sitzen wir beisammen,
um das Licht der heil'gen Nacht,
er erzählt uns die Geschichte,
die uns Christen glücklich macht.

Und zum ersten Mal seit Jahren,
bei Bescherung Harmonie,
früher ging nach dieser meistens
Weihnachtsfrieden in die Knie.

Spielt mit unsern lieben Kindern,
macht sich Mühe, zu versteh'n,
ihre kleinen, großen Nöte,
wenn wir noch spazieren geh'n.

Bringen ihn sehr spät nach Hause,
einen Umschlag gibt er mir,
'Hier ein Gruß von **meinen** Kindern,
kauft den euren was dafür'.

Künstlers Heimat

Auf dem Land der Heimatkünste
ist bewandert durch sein Wandern,
der die Sprache kennt des Könnens,
kann sie teilen mit den andern.

Etabliert sich zum Experten,
wird zum König seines Feldes,
lässt schon bald sich irreleiten
durch die Möglichkeit des Geldes.

Schreitet ein in fremde Länder
spricht mit Inbrunst ihre Sprachen,
und vergisst dabei die eig'ne
so dass andre Künstler lachen.

Ist er lang genug gestrauchelt,
bald vergessen ihn die meisten,
hier nicht heimisch und dort auch nicht,
Schuster, bleib bei deinen Leisten.

Getrennte Asche

Aufgeregt und doch ganz still,
soll versprechen, was sie will,
Widerruf nun peinlich wär',
schau nach hinten, Druck wächst sehr.

Festgemacht seit langer Zeit,
trotz des Widerspruchs und Streit,
glaubte, es wär' richtig so,
niemand ist ja immer froh.

Pfarrers Worte klingen schwer,
dringen tief mir ins Gehör,
Augen schau'n von rechts mich an,
Lächeln nichts verbergen kann.

Nein im Denken, Ja im Mund,
schnell geschlossen ist der Bund,
was mal brannte, nun verbrennt,
Richter bald die Asche trennt.

Gewohnheitsrunden

Euphorie von tausend Sternen,
Zeiger strecken sich empor,
Grenze zwischen neuer Hoffnung
und der alten, die verlor.

Jubel, Menschen, Städte, Länder,
Stund' um Stunde rückt voran,
Lichter, die verblassen östlich,
zieh'n im Westen ihre Bahn.

Einmal geht sie um die Erde,
wilde Ausgelassenheit,
was gewünscht, gerät schon morgen
wieder in Vergessenheit.

Zeiten, die Gewohnheit blendet,
zeigen nie, es ist schon spät,
und wer weiß, wie oft die Hoffnung
noch mal ihre Runde dreht?

* * *

Unschuld (Senryu)

Unschuld liegt im Staub.
Teddy schwimmt im Splitterblut,
welches Frieden tränkt.

Wunderhelfer

Lustig, Schläge, Tritte machen
Unkultur zu Modesachen,
blutverkrümmter Körperhaufen,
Handyspaß und Komasaufen.

Eine Wohnung, kein Zuhause,
Vater trinkt oft in der Klause,
Mutter hasst das triste Leben,
haut nur drauf und sitzt daneben.

Ihre Katzen kann sie lieben,
Kinderteller leer geblieben,
Großer Bruder ist verlogen,
kleine Schwester unerzogen.

Dieses Schreckgespenstgeflimmer,
abendlich im Fernsehzimmer,
soll die Angst davor nicht schüren,
sondern nur zum Guten führen.

Denn Probleme dieser Sorte
lösen Profis schnell vor Orte,
sprechen weich mit Engelszungen,
tief in Mutters Herz gedrungen.

Einsicht zeigt nicht nur die Mutter,
auch der Vater wird ein Guter,
und die Kinder sich vertragen,
werden andre nicht mehr plagen.

Was zerstört in vielen Jahren,
Karren an die Wand gefahren,
zwischen Werbespots behoben,
solche Helfer muss man loben.

Rot

Zwischen Gold und roten Küssen
rote Rosen auf dem Tisch,
Tanz mit rot bestückten Füssen,
zeigen uns, sie lieben sich.

Rote Wallung, Liebesnöte,
Höhepunkt beim Abendrot,
Frucht erblickt die Morgenröte,
Liebe ist nun ein Gebot.

Rot die Wange von der Lüge,
rot die Selbe durch den Schlag,
rote Rosen zur Genüge
es schon lange nicht mehr gab.

Weiß geworden, rot gesehen,
rote Tropfen, starrer Blick,
roter Hass erhört kein Flehen,
letztes Rot vergeht am Strick.

Der Pflichtbewusste

Pflichtbewusster kommt nach Hause,
küsst die Frau und auch sein Kind,
rührend fragt er seine Lieben,
ob sie beide glücklich sind.

Pflichtbewusster sorgt für Wohlstand,
lebenswert soll Leben sein,
denn er kann sie nicht ertragen,
Kinder, die vor Hunger schrei'n.

Pflichtbewusster, menschenfreundlich,
jeder kennt den netten Herrn,
weil er hilft auf seinen Wegen,
hat man Pflichtbewussten gern.

Pflichtbewusster geht zur Arbeit,
drückt den Schalter an der Wand,
der den Strom jagt durchs Bewusstsein,
pflichtbewusst fürs ganze Land.

Letzte Reste

Hast du sie heut Nacht gesehen,
wie sie dort am Randstein stehen,
bieten an die letzten Reste,
von verzehrtem Lebensfeste.
Fühlen nichts, wenn sie vergeben,
alles, was noch dran am Leben,
alt nach wenig jungen Jahren,
als sie noch begehrbar waren.
Schrei nach Hilfe ging verloren,
Kraft, zu schreien, bald erfroren,
Seelen niemand wird entdecken,
die in diesen Menschen stecken.

* * *

Dazwischen (oder: Auf dem Bürgersteig)

Links, ein Fresssack hinter Glas,
rechts fragt einer ‚Hast du was'?
Dazwischen ich.
Links, aus Fenstern Schminke schaut,
rechtes Antlitz ist ergraut.
Dazwischen ich.
Links, der Regen macht nicht nass,
rechts macht Frieren keinen Spaß.
Dazwischen ich.
Links, am Automat fließt Geld,
rechts ist niemand, der was zählt.
Dazwischen ich.
Links, die Tür zu meinem Haus,
rechts schweigt stiller Schrei sich aus.
Dazwischen nichts.

Emanzipation

Kellerasseln suchten Nahrung,
dort, wo Angst mich aufgezehrt,
wenn Erziehung nicht mehr wusste,
zu versteh'n, was aufbegehrt.

Sprechen nach des Vaters Zunge,
Denken nach des Standes Stil,
lernte alles für die Schule,
für mein Leben blieb nicht viel.

Zwänge ließen mich verfolgen
Ziele, die ich nie gesucht,
heimlich las ich, was verboten,
hab mich selbst danach verflucht.

Lange Haare fallen endlich,
die ich doch so sehr geliebt,
tausche Röcke gegen Hosen,
was mir die Erlaubnis gibt.

Die Erlaubnis der Borniertheit
will ich nutzen nur dazu,
um zu kämpfen für die Freiheit,
ich kann auch was, nicht nur du.

Kurzes Glück

Rotes Glück auf leerem Tisch,
sehne mich so sehr nach dir,
lässt mich wieder nicht im Stich
leere Seele füllst du mir.

Kuss der Lippe glasig schmeckt,
Hunger giert in meinem Geist,
Zunge sich entgegen streckt,
dem, was Sättigung verheißt.

Tief hinab und dann hinauf
rinnt der Strom der Leidenschaft,
ungenossen drängt sich auf,
mehr zu wollen von dem Saft.

Mal um Mal hältst du mich hin,
länger bis zum kurzen Glück,
bis ich endlich müde bin,
tötest mich so Stück für Stück.

Momente

Des Festes Ende

Grüne Waisen rieseln lautlos,
lassen bunten Schmuck zurück,
fadenscheinig nun erinnert
dieser an das Weihnachtsglück.

Kalte Luft vertreibt die Düfte,
die schon lang gegessen sind,
und das neue alte Spielzeug
interessiert nicht mehr das Kind.

Letzte Printen auf dem Teller,
Kühlschrank gähnt mit Essensrest,
und Verwandte sind Verbannte
bis zum nächsten Friedensfest.

Müllabfuhr verschlingt die Massen,
die umgaben Massenwahn,
nach den Illusionen kommen
nun Realitäten dran.

Versprechen

Langsam fällt aus deinem Leben
die Erinnerung herab,
dass Versprechen, die gegeben,
offen sind seit Jahr und Tag.

Durch ein Ja so viel versprochen,
wie in tausend Sätzen nicht,
Glaube, es sei ungebrochen,
führt die Wahrheit hinters Licht.

Noch ist Zeit, das einzuleiten,
was die Liebe einst gebot,
Einsicht in die Menschlichkeiten
balsamiert, was sonst verroht.

Speisung nach dem langen Schmachten
wird vergeben, was vermisst,
lass sie nicht zu lange warten,
zeige ihr, was Liebe ist.

Schattengeister

Schwarze Geister an der Wand,
spuken ungestüm und wild,
mancher hat sich schon verbrannt,
wenn den Schöpfer er gefühlt.

Hin und her, mal groß mal klein,
treiben sie ihr Schattenspiel,
Luft haucht Leben ihnen ein,
kann es nehmen, wenn sie will.

Wo jedoch nicht Winde weh'n,
hat die Flamme ihre Ruh',
wie verhext bleibt alles steh'n,
schaut den Kerzenlichtern zu.

* * *

Sonnenblume-Blumensonne

Graue Erde hat verschüttet
eine Blume voller Licht,
regennass sind Wolkenfelsen,
kann durchleuchten diese nicht.

Fließen manchmal, sind oft träge,
reichen bis zum Horizont,
übermächtig scheint die Schwere,
die in ihrer Masse wohnt.

Hat die Fluten selbst gerufen,
die verbergen ihren Schein,
doch die Macht, sie zu vertreiben,
liegt am Schluss bei ihr allein.

Der Eiszapfen

Tropf, tropf, tropf.
Monotoner Abgesang
fällt hinab, versickert dann.

Tropf ... tropf ... tropf.
Müde wird sein Rhythmus nun,
oben scheint sich was zu tun.

Tropf ... … tropf.
Unten lustlos letzte Kraft,
über ihm erstarrt der Saft.

Tropf.
Ist recht ausgewachsen schon,
eingefroren ohne Ton.

Zeit läuft weiter, er besteht,
der im Frühling tropfend geht.

Tropf … Tropf, tropf, tropf …

* * *

Symbole (Senryu)

Würde eines Rings,
Hält das Rund, was es verspricht?
Gold glänzt, Wahrheit nicht.

Nachtwächter

Trügerisch das Schwarz der Nacht
Ahnungslose müde macht,
Hirtenstab hält noch die Wacht,
zwei Gefährten haben Acht.

Augenpaar am Waldesrand,
Totenstille angespannt,
Witterung zieht übers Land,
selten, aber wohlbekannt.

Leiser Pfiff gibt das Signal,
für die Menge nur banal,
Jäger werden radikal,
Hunger flieht hinab ins Tal.

Die Dressur macht sich bezahlt,
sicher bleibt es vor dem Wald,
Morgengrauen schimmert bald,
Heulen in der Ferne hallt.

Danke für die Zeit

Danke für die kleine Zeit,
viel zu kurz, doch lang erlebt,
Lachen hatte uns befreit,
von dem, was uns sonst bewegt.

Wollten zu den Ufern stürmen,
neues Leben war geplant,
schafften nicht, davon zu türmen,
Flucht der Zeit hat uns erlahmt.

Eins jedoch versprech' ich hier,
Treue halt ich, die ich gab,
schenke rote Rose dir,
Träne fällt mit ihr ins Grab.

* * *

Neu geboren

So brach und kalt und unbefreit,
so ziellos scheint die Einsamkeit
von Halm und Zweig im weißen Flaum;
was war, das kommt nach langem Traum.

Das Flies zerfließt oft über Nacht,
der Träume Wahrheit wird erbracht,
vom Schlaf erlöst wie neugebor'n,
mehr trostlos noch als eingefror'n.

Doch Mutter ihre Kinder liebt,
und Wärme, die sie ihnen gibt,
verwebt den Halm zum Wiesengrund,
und kleidet Baumes Zweige bunt.

Kämpferin und kleiner Krieger

Pausenlos das Uhrenticken
auf dem Gang, ich kann kein Blut seh'n,
in Gedanken will ich beisteh'n,
Schwester kommt, und noch kein Nicken.

Hinter Milchglas muss ich sitzen,
schwitzig warten kalte Hände,
stummer Blick auf weiße Wände,
Schatten vor den Lichtern blitzen.

Ruhe vor dem Sturme wartet,
Schreie brechen durch die Stille,
jeder Ruf ein Kampfeswille,
letzter Schrei klingt sehr entartet.

Schattenspiele sind vergangen,
darf nun sehen beide Sieger,
Kämpferin und kleiner Krieger,
Freudentränen auf den Wangen.

Körpersprache

Schließe meine Augen,
und mein Körper kann entspannen,
feine Spuren laufen
von der Stirn zu meinen Wangen.

Meine Haut kann sehen
Tanz des Atems auf den Poren,
Quelle eines Schauers
wird im Nacken so geboren.

Höre zarte Stille
der Berührung deiner Hände,
wiegt mich ins Vertrauen,
Körpergrüße ich dir sende.

Fließend weicher Umhang
deines Fühlens fährt hernieder,
lockt hervor die Seele,
spiegelnd deine Liebe wider.

Weiß und rein

Weiß und rein seit jenem Tag,
sicher und doch hoffnungslos;
weinen ich nicht länger mag,
schwarze Nacht umgibt dich bloß.

Spreche Worte, dir bekannt,
Liebeslieder alter Zeit,
lebst in einem andern Land,
bist zum Sterben nicht bereit.

Tag für Tag und Nacht für Nacht
dringe ich in deine Welt;
was ich auf den Weg gebracht,
scheinbar fruchtlos dort zerfällt.

Doch solang dein Herz noch schlägt,
hoffen werde ich darauf,
dass die Liebe Früchte trägt:
Wann schlägst du die Augen auf?

Poetenliebe

Worte, die zum Spaß wir schreiben,
formte nach und nach Gefühl,
Themen unsrer Lyrik zeigen,
etwas mitteilen sich will.

Ich Poet und du Poetin,
frei beschwingt, du dort, ich hier,
aus dem Alltag, den wir leben,
treffen Verse sich im Wir.

Der Versuch, davonzulaufen,
weil das Herz sich hat erschreckt,
will uns nicht so recht gelingen;
Wort das Wollen niederstreckt.

Möchte schreiben, was ich denke,
doch ich schreibe was ich fühl',
gebe zu nach tausend Zeilen,
dass ich gern bei dir sein will.

Gefrorene Erinnerungen

Bilder in Erinnerungen,
Liebesfilm hervorgebracht,
schwarz auf weißem Eis gefroren,
für die Ewigkeit gemacht.

Was die eine Zeit erliebte,
friert die andere nun ein,
was geschmeckt nach süßen Früchten,
wird geschmacklos lange sein.

Einsam Jahre überstanden,
kalter Block, erstarrt in mir,
warmes Schmelzen in der Seele,
wenn ich heute steh vor dir.

Salzverknüpfte Freudenperlen
fließen in mein Herz hinein,
schwemmen es von Eises Krusten
in Sekunden wieder rein.

Der Gevatter

Schwer sitzt ein Gevatter
auf der Brust und spielt ein Spiel,
kann ihn nie besiegen,
auch wenn ich gewinnen will.

Unbeschwerte Würfel
fallen leicht aus seiner Hand,
seine Augenzahlen
meinen stets voraus gerannt.

Leben ist mein Einsatz
und der seine nur der Tod,
wie ich's dreh' und wende,
gleiches Schicksal mir bald droht.

Letzter Wurf der Hoffnung,
kennend das Ergebnis schon,
sicher und mit Würde
trägt er leise mich davon.

Heimweh

Wenn leise der Wind weht,
trägt er die Stimmen zu mir,
die fern von zu Hause
berichten Neues von dir.

Wie geht es den Menschen,
die so besorgt sind um dich,
und müssen sie leiden,
wie meine Freunde und ich?

Was machen die Kinder,
werden sie schlafen heut Nacht,
und kannst du sie schützen,
wenn sie in Bunker verbracht?

Ich weiß nicht die Gründe,
warum ich tu' was ich tu',
ich fühl' nur Vermissen
und rufe Sehnsucht dir zu.

Ich lebe dein Wesen,
mit meinem Herz und Verstand
auch fernab der Heimat,
werd' nie vergessen mein Land.

Mein letzter Schlaf

Kalt und klar die Sternennacht,
wieder spür ich diese Macht,
die mich zieht zu dir hinaus,
dorthin, wo du bist zu Haus.

Punkt zu Punkt verrückt mein Blick,
kommst von dort nicht mehr zurück,
rufst nach mir schon lange Zeit,
endlich fühl' ich mich bereit.

Schaue einmal noch zum Mond,
wo das Sonnenlicht nachts wohnt,
werd' erblicken ich nie mehr,
freu' mich auf die Sterne sehr.

Lasse alles hinter mir,
folge in den Schlummer dir,
friere sanft mich in den Schlaf,
den die Welt nicht stören darf.

Heimweh nach mir

Nein nach außen, ja nach innen,
niemals fallen soll der Turm,
den ich mühsam mir erbaute,
als aus Gegenwind ward Sturm.

Früh erkannte ich ein Denken,
was den Meinen nicht gefiel,
und das Lächeln, das sie hatten,
anerkannte nicht mein Ziel.

Heimisch war nicht mein Zuhause,
Heimweh hatte ich nach mir,
wenn bei Eltern oder Freunden,
mich verlassen hat das Wir.

Und die Mauern meines Lebens
schließen Dornenhecken ein,
werd' im Suchen meiner Träume
frei und doch gefangen sein.

Eigene Wahrheit

Hast du verstanden,
was du versteh'n willst,
oder bestehst du
auf, was du seh'n willst?

Hast du verteidigt,
was du geglaubt hast,
oder beschönigt,
was du verdreht hast?

Hast du gefunden,
wonach du suchtest,
oder genommen,
was du verfluchtest?

Stehst du im Lichte
eigener Wahrheit,
oder erhellt dein
Dunkel die Klarheit?

Besinnliches Kaleidoskop

Gedichte

von Lorenz Filius

Oslo, im April 2009

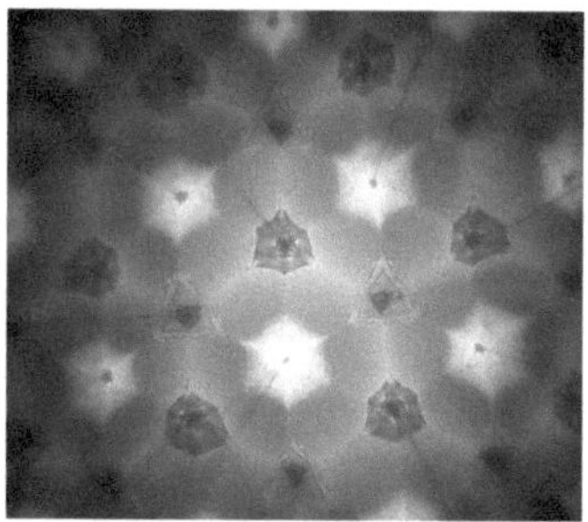

Suchst du dein Ich,

so stell deinem Ego keine Fragen,

welche nur die Seele beantworten kann.

Lorenz Filius

Inhaltsverzeichnis

Fragliches – 7

Besinnliches – 31

Bedenkliches – 53

Abstraktionen – 63

Fragliches

Ein letztes Mal

Einmal noch das Schwitzen spüren,
Münzen meine Hand verführen,
die mein Eigentum nicht sind,
stehlen müssen Frau und Kind.

Zwinge mich, den Zwang zu meiden,
widersteh' ich, werd' ich leiden,
doch gewinn ich, hab ich Ruh',
lüge ich mir selber zu.

Klingend schlucken kalte Schlitze,
was ich gleich nicht mehr besitze,
kranke Hoffnung macht mir weis,
heute winkt der große Preis.

Letztem Klappern folgt die Stille,
frustzufrieden wächst der Wille,
heute war das letzte Mal,
was mir morgen nimmt die Qual.

Zum Fressen gern

Zum Fressen gerne hab ich dich,
du bist mein kleiner Sonnenschein,
mein letztes Hemd ganz sicherlich,
nur dir zum Wohle tauscht' ich's ein.

Was ich dir sage, kannst du spür'n,
das Wort verstehen kannst du nicht,
du lässt dich immer von mir führ'n,
weil dein Vertrauen Bände spricht.

So klein, so weich, und noch verspielt,
macht meine Liebe grenzenlos,
ein Kind auf deinen Fressnapf schielt,
und deinen Platz auf meinem Schoß.

* * *

Lichterketten (Senryu)

Lichterkettenmacht,
intellektueller Wahn,
Straßenfeger gähnt.

Weltversteher

Ich erkläre dir die Welt,
die sich auf die Couch gesellt,
gibt im Bier die Wahrheit preis,
malt ein Bild mir in schwarz-weiß.

Dieses lege ich sodann
an mein Weltenpuzzle an,
nährt mit Wissen meinen Bauch,
was ich nicht zu denken brauch'.

Und die Masse wird so satt,
was etwas von Freiheit hat,
die das Leben nicht beschwert,
sondern Ruhe uns beschert.

Denn die Klarheit kann ich seh'n,
brauche sie nicht zu versteh'n,
andre taten dies für mich,
schlafen ruhig sicherlich.

Überdruss

Euphorie im Handgepäck,
voll Elan und neuer Lust,
ändern wird mein Leben sich,
habt ihr das noch nicht gewusst.

Ich kann dies, und ich bin das,
gebe Freundschaft von mir preis,
teile aus und stecke ein,
wem zum Nutzen, ich nicht weiß.

Lapidar, was wichtig war,
Phasen kommen und sie geh'n,
und die Spuren ihres Seins,
bleiben selten nur besteh'n.

Unser Leben ändert sich,
durch die Riefen seiner Zeit,
was uns wirklich wichtig ist,
ist vom Überdruss befreit.

Späte Reue

Unerwartet kommt der Schnitt,
bringt die Szene aus dem Tritt,
schaltet um von jetzt auf gleich,
ungedacht trifft Hart auf Weich.

Erster Schreck verbirgt den Schmerz,
Flüche steigen himmelwärts,
die Besinnung kommt zurück,
hatte ich noch einmal Glück?

Aus dem Fluch wird nun ein Schrei,
diesen setzen Nerven frei,
erst betäubt, dann alarmiert,
haben mich kurz angeschmiert.

Langsam denke ich daran,
was ich konnte und noch kann,
stehe auf und springe nicht,
schmerzhaft fühl ich mein Gewicht.

Streu doch Salz klingt's noch im Ohr,
und das hatte ich auch vor,
doch nicht gestern, vielleicht heut',
hab ich nun zu spät bereut.

Schalk im Nacken

Sitzt ein kleiner Schalk im Nacken,
reitet einen jungen Geist,
der sich gerne lässt verleiten
zu der Tat, die Unfug heißt.

Fühlt sich sicher, reitet vorwärts,
die Ermahnung tut nicht weh,
Damokles ist sein Begleiter,
hängt schon locker in der Höh'.

Und er weidet sich an Worten,
spornen weiter heiter an,
langsam stellt sich ihm die Frage,
wie weit er noch gehen kann.

Dieser Punkt ist oft die Schwelle
zu der Antwort, die er sucht,
sie befriedigt sein Bestreben,
auch wenn er darüber flucht.

Robo

Robo, sag mir, liebst du mich?
Ja doch, Mama, sicherlich.
In die Schule muss ich nicht.
Doch, das steht dir zu Gesicht.

Schulbrot in den Ranzen rein.
Mama, muss das wirklich sein?
In der Pause denk daran,
dass nicht jeder alles kann.

Dein Programm am Nachmittag
fragt dich, wer dich leiden mag,
diesen lädst du ein zum Schach,
Rechnen ist dein Lieblingsfach.

Abends bring ich dich zur Ruh,
stehst nur da, kein Auge zu,
was geschah, ist dir egal,
Ladestatus ist normal.

Nachher ist Vorher

Wird uns niemals kümmern,
was wir hinterlassen haben,
für die Menschen nach uns,
als die Antwort auf die Fragen?

Kann es uns egal sein,
was sie denken über Ahnen,
die bewusst nicht wussten,
was sie für die Zukunft planen?

Wollen wir die Lüge,
die wir alle täglich hegen,
als das bloße Schicksal
Kindern in die Wiege legen?

Wenn wir wirklich glauben,
Sicherheit wird Sterben geben,
sollten wir bedenken,
nach dem Tod ist vor dem Leben.

Menschen dieser Erde

Theorien, Euphorien,
expandieren und zerfallen,
wie der Raum, den sie beschreiben,
was wir wissen, muss gefallen.

Formelfelder fordern Forscher,
was nicht passt verkommt zu Fragen,
bauen darauf ihre Weisheit,
kann der Widerspruch nicht tragen.

Wem zum Nutzen die Maschinen,
schlucken Gelder zu beweisen,
dass Verstand der kleinen Krümel,
niemals taugt zu Lichtjahrreisen.

Wie auch sollte dies gelingen,
wenn sie nicht einmal verstehen,
warum Menschen dieser Erde,
hungrig ihrer Wege gehen?

Flecken

Alle schauen auf den Zeiger,
Mathestunde endlos lang,
warten auf die große Pause,
wann man endlich spielen kann.

Zappeln zwischen bunten Ranzen,
hinter Tischen immer zwei,
nur auf einem Stuhl sitzt einer,
sehnt das Ende nicht herbei.

Klingeln, Toben auf dem Schulhof,
unbeschwerter Freiheitsdrang,
schleichend kämpft sich über Flure,
der sich selbst nicht leiden kann.

Mitten unter ihnen steht er,
und die andern sehen nicht,
dass er rennen will mit ihnen,
nur die Flecken im Gesicht.

Diese kann er sonst nicht spüren,
weil sie einzig da nur sind;
doch die Seele fühlt das Brennen,
wenn das Kindsein misst das Kind .

.

Karneval

Hochsaison der Narretei,
Maskerade überall,
was uns tief bewegt, gewinnt
Oberhand im Karneval.

Sagen endlich, was uns stört,
denn ein Scherz nicht haftbar macht
uns für Wahrheit aus dem Mund,
die ein Richter sonst bestraft.

Mit Verkleidung zeigen wir
scheinbar nur, was in uns steckt,
sie verdeckt in Wahrheit das,
was darunter liegt befleckt.

Doch verändern wird es nichts,
das Ventil von Glück und Zorn,
hält in Schach das Ungetüm,
welches selbst stürmt nie nach vorn.

In die Enge

In Verjüngung des Verderbens,
renn' ich endlos lange Strecke,
all die vielen Richtungszweige
ohne Kopf ich nicht entdecke.

Diesen hab ich längst verloren
in den Fluten von Gedanken,
welche tausendfach geboren,
schreiend in sich selbst ertranken.

Und so bleibt mir nur das Warten
auf des blinden Laufes Ende,
sehe Lichter durch den Tunnel,
langsam nähern sich die Wände.

Dort am Ende eines Keiles,
keine Hoffnung, wo ich sitze,
wird das Schicksal mich ereilen,
trifft mit zielgenauer Spitze.

Farbenmelodie

Schwarze, rote, gelbe, grüne,
Balken auf der Farbenbühne
zucken auf und zucken nieder,
Demokraten spielen wieder.

Spielen mit der Menschennöte,
spielen um die erste Flöte,
wer sie hat, bestimmt die Lieder,
klingen gleich, doch immer wieder.

Und die Weisen, die sie preisen,
schicken uns auf Glaubensreisen,
schön zu finden schräges Pfeifen,
dass wir nicht zu Eiern greifen.

* * *

Du und wir

Komm zu uns, und sei ein Gast,
wenn du was zu bieten hast,
zeige deine Farbe nicht,
stört in unserm Kreis das Licht.

Dieses scheint so wunderschön,
wie wir es sonst niemals seh'n,
Licht ist Schein und Schein das Sein,
halte keinen Schatten rein.

Wenn dies doch einmal passiert,
wird es einfach ignoriert,
denn das eine merke dir,
du bist du und wir sind wir.

Große Zeiten

Lasst uns pflegen die Statuten,
die wir mühsam uns errangen,
über jahrelange Kämpfe
konnten Werte wir erlangen.

Doch die Zeit, daran zu wachsen,
wollten wir uns nicht erlauben,
Drang des Intellektuellen
will nicht an den Stillstand glauben.

Neue Denker denken weiter,
seh'n den Höhepunkt nicht schwinden,
sie verhaken sich in Ästen,
die sich stetig abwärts winden.

Restfragmente ihrer Mühen
faulen öde in den Zweigen,
werden nie zu jener Größe,
die die Weisheit hatte, steigen.

Greise Gischt

Still entsteht ein neuer See,
Frische sprudelt aus dem Quell,
nörgelnd schmilzt der alte Schnee,
Missmut trübt die Wellen schnell.

Trägt nichts bei zum Leben dort,
außer Atemlosigkeit,
spült nur die Gedanken fort,
die die Jugend hat befreit.

Zu verwechseln ist hier nicht
alter Grund, der Wasser nährt,
mit dem Dreck aus greiser Gischt,
Algen die der Schmutz gebärt.

* * *

Gönnerhaft (Senryu)

Gönnerhaft pikiert,
kriechend lechzt das schwache Ich
nach der Nutzbarkeit.

Geburtstag

Heute ein besond'rer Tag,
sitz' am Fenster und wart' ab,
was der Postmann bringen mag,
Platz im Briefkasten wird knapp.

Kuchen steht längst auf dem Tisch,
und gemütlich tröpfelt nun
Kaffee durch den Filter, frisch,
wieder ist ein Jahr herum.

Da, ein Klappern vor der Tür,
Briefe hält er in der Hand,
jemand schickte Wünsche mir,
schnell zum Kasten hingerannt.

Alles Gute und viel Glück,
viele hundert Zeilen lang,
freudig laufe ich zurück,
Kaffeeklatsch beginnen kann.

Briefe hebe ich mir auf,
Torte, halb noch auf dem Tisch,
seh' die Absender darauf:
Immerhin, ich liebe mich.

Gartenglück

Liegestuhl, Parzellenglück,
führt mich zu mir selbst zurück,
neuer Garten hübsch und fein,
Ruhe soll nicht lange sein.

Denn bevor ich liegen kann,
spricht mich schon der Nachbar an,
schließe doch das Gartentor,
das sieht diese Ordnung vor.

Freundlich tu ich, was er sagt,
schließlich hat er nett gefragt,
leg mich hin mit einem Buch,
schaue auf, es kommt Besuch.

Wenn ich Sie mal stören darf,
rügt der Gartenwart mich scharf,
Arbeit kommt doch vor dem Glück,
treten Sie einmal zurück.

Gelbe Blumen steh'n hier schlecht,
macht es nicht der Satzung recht,
alles muss in diesen Reih'n
bunt und darf nicht gelb nur sein.

Sonnenschirm ein Stück zu hoch,
stört den Blick des Nachbarn noch,
Bier und Grill macht zwar viel Spaß,
doch erlaubt nicht auf dem Gras.

Plantschen darf man gerne hier,
Samstags aber nur bis vier,
halten Sie den Sonntag frei,
für die Sitzung um halb drei.

Sagt's und wandert weise fort,
und auch ich verlass' den Ort,
freue mich auf Sonntag schon,
les' mein Buch auf dem Balkon.

Fremde Freiheit

Schneegestöber vorm Gesicht,
ein Moment die Ödnis bricht,
schlaggewaltig, ohne Schrei,
Handlungslos, Gedankenbrei.

Ja und Nein liegt auf dem Fuß,
der die Bremse treten muss,
Flucht nach vorne heißt Zurück,
fliehst du, stirbt ein andres Glück.

Freiheit, die dir nicht gehört,
ist die Freiheit, die zerstört,
frei könnt nur ihr beide sein,
wenn du jetzt noch nicht kehrst heim.

* * *

Maulwurf

Man hat ihn gefragt, zu leben im Speck.
Als Diener der Macht, zu wühlen im Dreck.
Um das zu versteh'n, hat er ein Versteck.
Lässt sich niemals seh'n, sonst ist er schnell weg.

Warum er das tut? Aus schwachem Gemüt.
Und freut sich daran, wenn andern was blüht.
Rumort ein Verdacht, wird's Zeit dass er flieht.
Fliegt auf sein Gesicht, die Rächer er sieht.

Der Verlierer

Renne für mein Leben
fest im Wettlauf mit der Zeit,
laufe mit den andern,
Ziele sind unendlich weit.

Rechts und links ein Lachen,
sammelt Glücksmomente ein,
nur auf meiner Bahn scheint
kaum ein Schatz zu finden sein.

Müde von der Hoffnung,
dass im Fernen Wahrheit liegt,
die belohnt das Streben,
und den Misserfolg besiegt.

Rennen wird zum Gehen,
alte Lust wird neuer Gram;
längst vorbeigezogen,
die ich nicht erreichen kann.

Stehe außer Atem,
für die Zukunft merk ich mir:
Laufe, nicht zu suchen,
was du findest auch nicht hier.

Das Genie

Einsam sitzt es dort im Zimmer,
das Genie, und grübelt nach.
Hat vom Leben keinen Schimmer,
Emotionen liegen brach.

Was die andern kurz beschäftigt,
macht er sich zum Lebenswerk,
während sie sich lieben heftig,
gräbt er sich noch durch den Berg.

Hoch gelobt und doch alleine,
gibt er, was er geben kann.
Achtung hat er, Liebe keine,
was ihm fehlt, liest er sich an.

Kaum Genießer seines Strebens,
einsam kommt sein stiller Tod.
Mit dem Wissen seines Lebens
andre nun verdienen Brot.

Weiße Westen

Im schwarzen Staub des Kapitals
ertrinkt das weiße Land,
und angesichts des Traumverfalls
wird Weiß zu Grau verbannt.

Im Glauben an das rote Glück
erhellt die Euphorie
mit Farbkontrast das Trauerstück,
nur weiß wird's dadurch nie.

Wer tönt und färbt im Überfluss,
riskiert leicht ein Malheur,
den Farbton aus dem Überdruss,
den fürchten alle sehr.

Gewiss sei der, der Farben tüncht,
die Weste wird kaum rein,
der Weißheit fehlt verfärbt verwünscht
das Zeug zum Engelsein.

Besinnliches

Verborgen

Blaue Augen unter blondem Haar
schau'n mich an, doch nehmen mich nicht wahr,
was ich sage, lächelst du mir zu,
doch warum du lachst, das weißt nur du.

Dein Verständnis werd' ich missversteh'n,
wirst zusammen mit mir einsam geh'n,
unsre Wege suchen wir zu zweit,
fühlst dich frei bei mir, nur nicht befreit.

Kenne dich, doch weiß ich, wer du bist?
Bin es ich, den, wenn er fehlt, du misst?
Ist Verzweiflung wirklich angebracht,
über das, was dich verborgen macht?

Schlafe ein in meinem Arm und geh'
in die Welt, von der ich nichts versteh',
und ich folge dir in deinen Traum,
lass mich einmal deine Seele schau'n.

Tiefes Glimmen

Tiefes, schwaches Glimmen,
wie ein Stern am hellen Tag,
können wir nicht sehen,
Lebensstrahl uns blenden mag.

Was wir sind und werden,
scheint alltäglich zu gescheh'n,
Fühlen, Denken, Sprechen
lässt Bewusstsein uns versteh'n.

Still sind die Momente,
die uns Schlaf nur geben kann,
die wir nicht erinnern,
nur die Tiefe schimmert dann.

Kleines Licht ergießt sich,
ungesehen doch geahnt,
über unser Wesen,
Kleid der Seele wird's genannt.

Suche nach der Liebe

Auf der Suche nach der Liebe
habe ich mich selbst gezwungen,
auszustrecken meine Fühler,
bin jedoch nicht vorgedrungen.

Und je länger ich mich frage,
warum kann ich sie nicht finden,
umso stärker die Torturen,
die Gefühle um mich winden.

Angestrengte Eitelkeiten,
die sich in der Zeit verdrießen,
lassen der Natur des Herzens
keine Zeit, sich auszufließen.

Resigniert durch Ignorierung,
hab' mit Suchen mich geschunden;
unerwartet in der Ruhe
hat die Liebe mich gefunden.

Sorgenschiff

Wasser strömt den Hang hinab,
flutet einen See aus Worten,
die im Meer nicht schwimmen können.

Leuchtturm ein Signal dir gab,
weist den Weg zu Hafenpforten,
die den Mut von Ängsten trennen.

Auf dem Boot der Einsamkeit,
zwischen Salzbänken der Trauer,
heimatlose Worte treiben.

Hafenbecken ist bereit,
bildet schützend eine Mauer,
wo das Sorgenschiff darf bleiben.

* * *

Schatten (Haiku)

Schwärze einer Nacht
weicht den Schatten hellen Scheins,
wandern durch den Tag.

Lebenskonzert

Tage malen Lieder,
zeichnen Noten ins Gesicht,
Dur und Moll verquicken,
manche Töne stimmen nicht.

Komponierte Blicke,
orchestral im Minenspiel,
streichen die Konzerte,
die das Leben spielen will.

Gut zu unterscheiden
Partitur von Glück und Leid,
Taktstock der Gefühle
dirigiert zur rechten Zeit.

Offen ist das Ende,
oft in Moll und kaum in Dur,
wie verklingt das Leben,
weiß der Schicksalsstreicher nur.

Meere der Allmacht

Ich hab mich getragen
auf Wassern des Lebens
mit rudernden Armen.

Nach Richtung zu fragen,
es war nur vergebens,
die Kräfte erlahmen.

Die Strände der Sehnsucht
nur trostlose Ufer
in Meeren der Allmacht.

Die einzige Ausflucht
zu folgen dem Rufer,
der immer zuletzt lacht.

* * *

Junges Weiß

Junges Weiß und altes Schwarz,
unzertrennlich lange Zeit,
einer gibt der andre nimmt,
junges Schwarz ist nun bereit.

Augen feucht im alten Schwarz,
junges Weiß verlegen schaut,
noch ein Schritt, dann lässt es los,
junges Schwarz sich mit ihm traut.

Hundstage

Matte Tage, die erwachsen
aus der Lust des Sonnenjubels;
schmierig schwimmen schwere Farben
aus dem Bild des Sommertrubels.

Trüb, was klare Kälte hatte,
Hitze die in Luft gegossen;
wenn Kontraste sich verwischen,
ist der Siedepunkt verflossen.

Stumpfe Leiber schleppen Reste
ihrer Kraft durch Wonnefelder;
sehnen sich am späten Abend
nach Erlösung müder Wälder.

Neuer Schimmer alter Morgen
hat die Geister stets beschwungen;
altes Bild an neuen Tagen
hat Resignation erzwungen.

Doch das Leiden früher Freuden
wird sich bald zu Ende neigen,
wenn an blanken Horizonten
sich die schwarzen Wände zeigen.

Gedankenreise

Schwingen eines Vogels
tragen Blick und Wunsch zum Horizont,
wo das Schauen aufgibt,
suchen Träume, was dahinter wohnt.

Tappen dort im Dunkeln,
bis das Licht der Phantasie fließt ein,
dieses kombiniert sich
aus Erleuchtung und diffusem Schein.

Alles scheint so möglich,
und die Bilder kommen hell zurück,
treffen auf die Blicke,
die schon warten auf des Traumes Glück.

Kehren heim zusammen,
was einst aufgab, hält nun die Balance,
Wahr und Falsch zu trennen,
gibt dem Leben die reale Chance.

Frühlingsgericht

Verzehrt nach dem, was sonnig schmeckt,
ersehnt die Lunge einen Schmaus,
zu kosten, was im Frühling steckt,
und speit den Winteratem aus.

Ein tiefer Zug, noch unverwöhnt,
erkennt die Würze neuer Luft,
die Küche der Natur vergönnt
Gourmetgeschmack durch Blütenduft.

Der Kenner nur genießt das Mahl,
verschlingt nicht, kostet intensiv,
die Speisen, die der Koch empfahl,
der ihn zum Frühlingstische rief.

Aperitif vorm ersten Gang,
ein frischer Tau zum Morgenwind,
dem Hauptgericht folgt Überschwang,
weil dies die Mittagsdüfte sind.

Dessert zum Abend rundet ab,
mit süß gekühltem Waldeshauch,
was es schon lange nicht mehr gab,
die Lunge ist des Atems Bauch.

Seemannsbraut

Wellen flüstern abends schillernd,
was am Tag auf See gescheh'n,
steh' im Sand mit bloßen Füßen,
lass' den Wind Geschichten weh'n.

Seemannsgarn mit Tang versponnen,
webt ein Tuch aus Meeresduft,
leises Tuckern alter Kutter,
Schrei der Möwe ‚Freiheit!' ruft.

Neue Flut umspielt die Fesseln,
Zärtlichkeit der Seemannsbraut,
zeigt mir täglich ihre Treue,
deren Jugend nie ergraut.

Und ein Zeichen meiner Liebe
überbringen Boten ihr,
Spuren, die in Sand getreten,
schickt die Gischt hinaus aufs Meer.

Fährten der Vergangenheit

Fährten der Vergangenheit
laufen mir noch immer nach,
was ich damals nicht bereut,
macht mich heute manchmal schwach.

Hab die Spuren gut verwischt,
die mir hinterher geeilt,
nur den Läufer dieser nicht,
weil er in mir selber weilt.

Manchmal bleibt er weit zurück,
und ich stehle mich davon,
glaub nun endlich an mein Glück,
holt er auf, ist es gefloh'n.

Also bleibe ich jetzt steh'n,
quäle meinen Geist mit ihm,
kann im Kampf die Freundschaft seh'n,
wenn wir in die Reinheit zieh'n.

Mich erkennen

Willst du mich erkennen,
falle nicht anheim der Sehnsucht,
die durch Augenspiegel
falsche Wünsche in dir wachruft.

Willst du mich erkennen,
deute nicht die reinen Worte,
die dazu verführen,
zu verlauten gleiche Sorte.

Willst du mich erkennen,
fühle nicht des Körpers Ruhe,
welche oberflächlich
macht dir Glauben, was ich tue.

Willst du mich erkennen,
sei nur still und schließ die Augen,
spüre meinen Atem,
was er sagt, das kannst du glauben.

Endlos - Endlich

Endlos groß Erwartungen,
der Horizont sich weitet,
endlos lang die Zeitspanne,
auf der das Leben gleitet.
Endlos lebt die Jugend fort
an meinen Kindertagen,
endlos viele Antworten
auf tausende von Fragen.

Endlich, was Erfüllung ist,
es zeigt mir meine Grenzen,
endlich ist die Lebensbahn,
gespurt mit Lebenstänzen.
Endlichkeit wird mir gewahr,
will Kinderblick bewahren,
endlich, was ich wissen kann,
will mehr durch ihn erfahren.

* * *

Pause (Senryu)

Kaffeetraum verschäumt,
Zunge geht der Lippe nach,
Augenblick des Glücks.

Frühjahrsgesicht

Durch die schwarzen Haare
schimmern junge Sonnenstrahlen,
wollen Bild des Frühlings
in dein Angesicht nun malen.

In den braunen Augen
spiegelt sich der blaue Himmel,
dort am Firmament spielt
weich ein ausgedachter Schimmel.

Hinter roten Lippen
reitet Glück auf leisen Tönen,
Kuss vom Hauch des Windes
wird die Sehnsucht zart verwöhnen.

Frische Frucht verlockend,
reift heran zur Frühjahrsblüte,
Wangen zwischen Händen wollen,
dass wer sie behüte.

Das ewige Bild

Silbrig bedecken Geschmeide des Mondes
tief in den Tälern den wartenden Klee,
langsam erhebt sich der Atem des Wassers,
Hauch seiner Seele schwebt über dem See.

Stille des Windes verklärt die Idylle,
Ruhe aus Schwärze verströmt aus dem Wald,
schlafende Blüten geborgen im Schatten,
nächtliche Träume bekommen Gestalt.

Trügerisch Starre des ewigen Bildes,
kann nicht Verleugnen den Fluss in der Zeit,
Lichter, die schmücken, sie wandern bald weiter,
Schimmer das Leben vom Schlafen befreit.

* * *

Der letzte Tag

Bei Anbruch des letzten Tages
liegen wir zusammen,
erleben ein ganzes Leben,
Welt in hellen Flammen.

Wir schau'n nicht auf die Vernichtung,
Lieben in Geschichten,
was wir zusammen verstehen,
kann man nicht vernichten.

Wenn unsre Stunde gekommen,
ist es nicht zu Ende,
Augenblick für alle Zeiten
fließt durch unsre Hände.

Die Sprache der Liebe

Deiner Finger warme Spuren
spinnen Netze aus Gefühlen,
die Gedanken an den Alltag,
sanft mit Liebestau umspülen.

Schmetterlinge auf der Wange,
Kuss des Augenaufschlags spüren,
löst die Krämpfe meiner Wachheit,
wird mich in den Schlaf verführen.

Dämmernd fühle ich dich weiter,
Traum von Zärtlichkeit genießend,
Lippen spielen Liebeslieder,
durch sensible Härchen fließend.

Was die Worte nicht erzählen,
spricht dein Herz mir in die Seele,
diese Sprache möcht' ich lernen,
dass ich deine nicht verfehle.

Des Windes Kind

Milde Wellen streifen flüsternd
durch das junge Ufergras,
hör sie vom Gerücht erzählen,
dass das Jahr den Winter fraß.

Wind verfließt sich lau am Wasser,
zärtlich küsst er mein Gesicht,
schenkt mir Düfte einer Sehnsucht,
die nach neuem Leben riecht.

Schließ die Augen, mal mir Bilder,
die aus Luftgeschichten sind,
die Natur ist eine Wiege,
Frühling ist des Windes Kind.

Braucht noch Ruhe in der Frische,
um zur Wärme zu gedeih'n,
bald erblüht schon seine Jugend
unbeschwert durch Feld und Hain.

Der erste Hauch

Noch hält knochig Frostes Kralle
Land und Wasser fest im Griff,
keine Regung ihrer Opfer,
auf dem Meer zu seh'n kein Schiff.

Stumpfe Stadtgebilde zeigen,
weiße Neulust ist ergraut,
abgedroschen greiser Winter,
der uns flockig Träume baut.

Siegessicher hält er alles,
was zerlaufen ist, erstarrt,
merkt nicht, dass sein Eisesatem
sich mit Hauch des Frühlings paart.

Diesem zeigt er kalte Schultern,
arrogant mit Schneegeschick,
erster warmer Strahl der Sonne
zwinkert ‚ich komm bald zurück'.

Dualseele

Ich weiß nicht, wer du bist,
ich hab dich einmal nur geseh'n,
dein Blick geblieben ist,
kann deine Augen nicht versteh'n.

Du schautest mich kurz an,
und dann hinein in deinen Traum,
ob ich dir folgen kann,
weiß mein Verstand bis heute kaum.

Ich liege nachts allein
und fühle Worte aus dem Nichts,
ich hör' in mich hinein
und seh' das Wesen des Gesichts.

So fürchte ich mich nicht,
das zu verlier'n, was mich vereint,
entsprungen aus dem Licht,
das in zwei gleichen Seelen scheint.

Chance der Unschuld

Die Hoffnung hat das Meer
in jahrelanger Schlacht verloren,
die Seele ist längst leer,
kaum Erinnerung geboren.

Den Frieden hat das Land
nach Krieg mit Heiterkeit verschüttet,
ein Mumiengewand
hält noch zusammen, was zerrüttet.

Den Glauben hat der Wind
durch Glut des Wissens angezündet,
als Chance bleibt ein Kind,
solang die Schuld es niemals findet.

Bedenkliches

Wolf im Schafspelz

Glühend seine Blicke,
durch das weiche Fell der Sanftmut
führt er fort Geschicke,
über welchen noch der Charme ruht.

Einer unter vielen,
trägt zu Grabe Illusionen,
die Theater spielen,
und in Ahnungslosen wohnen.

Fell und Vorhang fallen,
wenn die Gunst der Zeit gekommen,
dann zeigt er die Krallen,
reißt, was er hat längst gewonnen.

* * *

Wirrer Geist (Senryu)

Wirrer Geist verliert
sich und seine Ausgeburt
an die Nichtigkeit.

Ventile

Entrüstung, Existenz bedroht,
Protest erhebt sich zweifelhaft,
der Maulheld sich Gehör verschafft,
er sieht mit vielen andern Rot.

Die Wanderschaft des Geldes ist
noch nicht am Ende ihres Ziels,
bei den Gewinnern jenes Spiels,
das seine Regeln selbst vergisst.

Der Kampf verbläht sich in Geschrei,
das Recht zu sagen, was man will,
stört den, der's Sagen hat, nicht viel,
was unten drängt, ist oben frei.

Die Lust bald nach Gewohnheit riecht,
die Wunden heilt die Zeit, die rennt,
Zigarrenrauch die Weisheit kennt,
der Wurm in Löchern sich verkriecht.

Retten vor dem Leben

Wer verbündet sich mit Mächten,
die das Leben schmählich ächten,
dürfte selbst nicht existieren,
nach der Logik seiner Wirren.

Doch er sucht nach den Gefühlen,
die aus Gründen in ihm wühlen,
die Konflikte einst gebaren,
als sie noch nicht lösbar waren.

Zogen hin ihn zu der Seite,
die ihn von dem Glück befreite.
Was er niemals hat besessen,
kann ihn so auch nicht zerfressen.

Also will er sich doch retten,
nicht vor Nichtigkeit der Kletten,
die schon lange an ihm kleben,
will sich retten vor dem Leben.

Der Nachtmahr

Jede Nacht der gleiche Wahn,
dem ich nicht entrinnen kann,
treib die Träume vor mir her,
trau zu schlafen mich nicht mehr.

Fallen doch die Augen zu,
find ich meistens keine Ruh;
der schon auf der Lauer liegt,
weiß, dass er die Nacht besiegt.

Aus dem Schwarz erscheint er wild,
malt erdrückend mir ein Bild,
und er zeichnet mich hinein,
kann mich nicht aus ihm befrei'n.

Jagt mich durch die wirre Welt,
die er Tags für sich behält,
tränkt mein Flieh'n in kaltem Schweiß,
gibt mich erst vorm Sterben preis.

Unsaft wirft er mich hinaus,
ruht sich von der Jagd nur aus,
um zu warten auf die Nacht,
wenn er mich zum Freiwild macht.

Schlachtbank

Einen zieht's zur Schlachtbank hin,
dem man weiß macht, es ist schön,
Felle übers Ohr zu zieh'n.

Und die andern folgen stumm,
Schafe bringen Schafe um,
Nackt verendet Dummheits Ruhm.

Schert eins aus, lässt man es geh'n,
dickes Fell macht Haut nicht schön,
doch es schützt, wenn Winde weh'n.

* * *

Der Maulwurf (Haiku –Senryu)

Still ruht Gras und Klee,
Blindheit sieht den Blinden nicht,
der die Wunden gräbt.

Fernab des Blutes

Fernab des Blutes
berichten sie Gutes,
Erfolg auf dem Spielplan,
die Show führt den Krieg an.

Blitz in Gesichtern
von Kameralichtern
im Rhythmus der Blitze
mit tödlicher Hitze.

Geifernde Meute
verbreitet die Beute,
verkauft teure Fragen,
der Tod kann nichts sagen.

Spieler kassieren,
Figuren verlieren
den Ruhm auf dem Schlachtfeld,
das Gras düngend Zeit zählt.

Demagogen

Ich sage euch die wahre Mähr,
ich flute euer Hirn so sehr,
dass ihr beeindruckt ruft nach mehr.

Ich will die Glut verbrennen seh'n,
warum, das müsst ihr nicht versteh'n,
vertraut mir, denn nur so wird's geh'n.

Wer frei ist, schließt sich mir nun an,
zeigt Rückgrad, was nicht brechen kann,
denn dieses halte ich im Bann.

Wer zögert, ist schon lange tot,
ihn zu benennen ein Verbot,
von ihm mir die Vernichtung droht.

* * *

Vergiftete Saat (Senryu)

Gift in Saat versteckt,
wer die Frucht isst, wird schon bald
Dung des Untergangs.

Das Untier

Schläft ein Untier, ungeahnt,
Wolf im Schafspelz, schicksalhaft,
spielt mit Zellen wohl getarnt,
bis es Kameraden straft.

Demaskiert sich oft sehr spät,
und die andern sehen nicht,
dass ihr Freund sie bald verrät,
mit den Lebensregeln bricht.

Wenn der Flächenbrand beginnt,
ist er fast zu Ende schon,
wo das Feuer Land gewinnt,
klingt die Hoffnung wie ein Hohn.

Doch der Mut den Berg versetzt,
kann die Überraschung sein,
die das Tier zu Tode hetzt,
was verloren war, wird rein.

Abstraktionen

Gezerrte Strahlen

Gezerrte Strahlen
ungeschminkter Lippen
fallen unter den Blättern des Lebens
in Schluchten blühender Fäulnis.
Wehe dem, der sich versucht
an verbotener Frucht.

* * *

Verschwemmte Gesichter

Verschwemmte Gesichter
lodern im Abgang bewusster Lügen
in die Wahrheit der Existenzen.
Kein von Hier nach Dort,
kein von Jetzt auf Gleich.
Der Fluss ist der Moment
als Punkt im Strahl der Zeit.

* * *

Narzissmus

Verglückt, verliebt, verblasst das Licht
in Mauern alter Eitelkeiten,
um im Untergang des blühenden Egos
zu finden, was sonst niemand sucht.

Quell des Lebens

Ein Punkt
der das Wasser küsst,
erfragt die Antwort
auf die Lust,
seine Gefolgschaft einzutauchen
in den Quell des Lebens.

Ersehnt das Signal
der Elemente,
stürzt er sich und die Seinen
in die Wonnen,
die nur lügen,
wenn sie kalte Farben sind.

* * *

Streben nach den Sternen

Traumverstohlen Blick hinaus,
Wirklichkeit der Sterne fern,
auf dem Weg zurück nach Haus
tötet sie der eigne Stern.

Vergessene Räume

Dünne Würmer
hängen herab
in vergessenen Räumen.
Filigranität verspielt sich
im Luftzug
muffiger Erinnerungen.

Kriechendes Leben
vermodert
vergangene Tage.

Ein Fensterspalt,
das Tor zur Gegenwart,
zieht zaghaft hinaus
die Schwaden des Gestern
die in ihrer Heimlichkeit
im Heute verkommen.

* * *

Serpentinen des Glücks

In Serpentinen des Glücks
verfangen sich Melodien
alter Motoren, deren Ziel
der Weg war.

Ihre Enkel
können nicht schmecken
die Gelüste;
zu schnell verschlingen
sie die Zeit.

Vergossene Träume

Im Rinnsal vergossener Träume
vertrocknet die Spur einer Trauer.

Versalzenes Flussbett verödet,
die Quelle versteinert zur Mauer.

Das farbige Spiel eines Lächelns
- verlaufen in Falten -
wird grauer.

Ein Schimmer der Hoffnung bewirbt sich
aus Freundschaft als neuer Erbauer.

* * *

Delta der Vergänglichkeit

Verstohlen blicken
verlassene Kreaturen
in passierende Gleichgültigkeit,
die nicht erforschen will
das Schicksal des Zerfließens.

Schwimmt selbst
im Fluss des Sogs,
der alles zieht
und ahnt noch nicht
die Nähe ihres Stroms
zum Delta der Vergänglichkeit.

Beweihräucherung

Kalter Weihrauch
flutet euphorisch
trostlose Täler.

Im schillernden Wabern
spiegeln sich die Spitze
wahrer Größen.

Ist es verflossen,
verkommt das Trugbild
zur Sohle der Wahrheit.

* * *

Vergessene Felder

Vergessene Felder
flechten unser Leben.
Sie stören nicht,
was wir sehen,
doch das Gefühl,
das entbehrt
die Langzeiterfahrung,
welche kahlköpfig
hinter verschlossenen Türen
dahinsiecht.

Feister Geist

Feister Geist verlässt entgleist
den aufgeblähten Hirnfortsatz,
der im Wahnsinn des Entdeckens
über Seinesgleichen geht.

Außer einer Spur des Leuchtens,
die verblasst im Ruhm des Alltags,
fault Aroma jener Früchte,
die von andern längst verzehrt.

* * *

Flüchtige Erinnerung

Schrille, bunte Einsamkeit
erschlägt den Meister der Verwandlung,
wenn der Jubel aus der Schwärze
pöbelt seine Nacktheit an.

Die, die sich's gemütlich machten,
suchen später auszuschlachten,
jene Hülle die so lang
den Künstler hat bewahrt.

Was geblieben ist,
ein Stern nur
auf den Straßen, wo die Massen
ihren Dreck vom Schuh ablassen.

Erklärungen zu den Abstraktionen

Gedichte, die in Gedankenbildern festgehalten sind, sind nicht immer eindeutig zu interpretieren. Manchmal erschließt sich der Sinn direkt aus der Überschrift oder den Versen selbst, oft aber sind auch unterschiedliche Lösungsansätze möglich. Um einen Denkanstoß anzuregen, werden im Folgenden kurze Hinweise zu den Abstraktionen gegeben.

Gedicht	Seite	Erklärung
Gezerrte Strahlen	65	Ein morbides Bild
Verschwemmte Gesichter	65	Der Augenblick des Todes
Narzissmus	65	Der Titel ist Selbsterklärend
Quell des Lebens	66	Ein Mensch, der mit Finger oder Zehenspitze das Wasser auf Temperatur prüft, um sich dann gänzlich hineinzubegeben
Streben nach den Sternen	66	Im Gedenken an die Opfer der Raumfahrt
Vergessene Räume	67	Ein Bild von innen nach außen. Ein lange leer stehendes Haus mit Resten der Vergangenheit.
Serpentinen des Glücks	67	Man stelle sich vor, wie eine Bergstrasse zu Zeiten der ersten Automobile befahren wurde im Gegensatz zu heute.
Vergossene Träume	68	Ein verweintes Gesicht, welches Hoffnung schöpft.
Delta der Vergänglichkeit	68	Die Endlichkeit ist denen, denen es gut und besonders zu gut geht, oft nicht bewusst.
Beweihräucherung	69	Titel ist Selbsterklärend
Vergessene Felder	69	Jeder kennt sie doch keiner weiß was genaues über die Strahlen und Felder moderner Zivilisation
Feister Geist	70	Die Überheblichkeit
Flüchtige Erinnerung	70	Gestern Star, heute reißerische Medienattraktion, morgen vergessen.